*Das alte Gehöft Glaumbær mit typischen Grassodendächern*

genen Schritte. Über vereinzelte Schneefelder geht es aufwärts, kein Mensch weit und breit, kein Vogelschrei, nur Wind und Steine. Kindskopfgroße Obsidiane liegen umher, man stößt auf leuchtend gelbe Schwefelblüten, Erdspalten, aus denen Gase strömen, giftige Gase. Der Planet Erde, wie er vor Millionen von Jahren ausgesehen hat, ist Gegenwart in Island. Kein Ort, an dem man leben könnte, aber gerade darum faszinierend. Entweder man liebt sie, die isländischen Wüsteneien, oder man wendet sich mit Grauen ab.

Rund 230 000 Touristen kommen Jahr für Jahr auf die Insel. Manch einen von ihnen zieht es, wie uns, immer wieder an diese unheimlich spröden Orte, die in vergangenen Jahrhunderten den Ausgestoßenen und Vogelfreien vorbehalten waren. Ihre Seelen, meinen die Isländer, klagen heute im Wind.

Immerhin scheinen auch die Einheimischen selbst zunehmend von der Unbewohnbarkeit ihres Kleinplaneten überzeugt. In Scharen ziehen sie nach Reykjavík, der Hauptstadt, während das Land rundum als eine Art Abenteuergelände sich selbst und den unendlich vielen Schafen überlassen bleibt. In manchen Gegenden, wie der schaurig-schönen Halbinsel Hornstrandir im Nordwesten, gibt es nur noch verlassene Dörfer. Selbst in der »Hauptstadt« der Westfjorde, Ísafjörður, sinkt die Einwohnerzahl (3000 Ew.).

Die Stadt liegt auf einer Sandbank, die wie ein dünner Finger in den Fjord ragt. Hohe, steile und beängstigend düstere Felshänge umschließen den Fjord. Es gibt so gut wie kein Vorland zwischen Berg und Meer, nur einen grasbewachsenen Strandsaum. Schroffe Felsen und schartige Gipfel werfen lange Schatten über die Sandbank, die so schmal und niedrig ist, daß man ausschließen möchte, sie könnte die nächste Sturmflut überhaupt überstehen.

Die Westfjorde, eine bizarr zerfressene Landschaft, sind verworfene und gekippte Trümmer einer großen Basalttafel. Die unterschiedlich harten Gesteins-

# Geschichtstabelle

**8. Jh.**
Irische Mönche besiedeln Island

**874**
Ingólfur Arnarson aus Norwegen wird erster Dauersiedler

**874–930**
Landnahmezeit

**930**
Alþing, das Parlament, wird gegründet

**982**
Erich der Rote entdeckt Grönland

**1000**
Leifur Eiríksson entdeckt Amerika

**1264**
Ganz Island unter norwegischer Krone

**13./14. Jh.**
Blütezeit der isländischen Literatur; die Sagas entstehen

**1380**
Island unter dänischer Herrschaft

**1783**
Vulkan Laki bricht aus: 11000 Tote und eine große Hungersnot sind die Folge

**19. Jh.**
Kampf um Unabhängigkeit. Voran: Jón Sigurdsson (1811 bis 1879)

**1845**
Wiedereinsetzung des Alþing als beratende Versammlung

**1904**
Island erhält Selbstverwaltungsrecht

**1940**
Besetzung durch britische Truppen; ein Jahr später durch US-Streitkräfte abgelöst

**17. Juni 1944**
Die unabhängige Republik Island wird ausgerufen

**14. Nov. 1963**
Ein submariner Vulkanausbruch läßt bei Vestmannaeyjar eine neue Insel, Surtsey, entstehen

**1972**
Fischereigrenze auf 50 Seemeilen erweitert

**23. Jan. 1973**
Ausbruch des Vulkans Eldfell (Feuerberg) auf Heimaey; 5300 Einwohner werden evakuiert, ihre Häuser größtenteils unter Vulkanasche begraben

**1975**
Ausdehnung der Fischereigrenze auf 200 Seemeilen; »Kabeljaukrieg« mit Großbritannien

**1980**
Vigdís Finnbogadóttir wird zur Präsidentin Islands gewählt und bleibt bis 1996 im Amt

**1986**
Gipfeltreffen Gorbatschow-Reagan in Reykjavík

**Oktober 1996**
Ausbruch des Vulkans Lóki im Vatnajökull

**März 1999**
Das Parlament beschließt die Wiederaufnahme des Walfanges

# MARCO ⊕ POLO

# ISLAND

**Reisen mit**
**Insider-Tips**

*Diese Tips sind die ganz speziellen*
*Empfehlungen unserer Autoren.*
*Sie sind im Text gelb unterlegt.*

*Fünf Symbole sollen Ihnen*
*die Orientierung in diesem Führer erleichtern:*

*für Marco Polo Tips – die besten in jeder Kategorie*

*für alle Objekte, bei denen Sie auch eine schöne Aussicht haben*

*für Plätze, wo Sie bestimmt viele Einheimische treffen*

*für Treffpunkte für junge Leute*

**(106/A 1)**
*Seitenzahlen und Koordinaten für den Reiseatlas Island*
**(U/A 1)** *Koordinaten für den Stadtplan Reykjavik im hinteren Umschlag*
**(O)** *außerhalb des Stadtplans*

*Diesen Führer schrieb Detlef Hartlap. Die grundlegende*
*Überarbeitung und laufende Aktualisierung übernahm*
*Sven Strumann. Beide bereisen Island seit vielen*
*Jahren regelmäßig.*

*Die Marco Polo Reihe wird herausgegeben*
*von Ferdinand Ranft.*

Die aktuellsten Insider-Tips finden Sie im Internet unter http://www.marco-polo.de

MAIRS GEOGRAPHISCHER VERLAG

# MARCO ⊕ POLO

*Für Ihre nächste Reise gibt es folgende Titel dieser Reihe:*

*Die Marco Polo Redaktion freut sich, wenn Sie ihr schreiben: Marco Polo Redaktion, Mairs Geographischer Verlag, Postfach 31 51, D-73751 Ostfildern*

Unsere Autoren haben nach bestem Wissen recherchiert. Trotzdem schleichen sich manchmal Fehler ein, für die der Verlag keine Haftung übernehmen kann.

Titelbild: Gullfoss (Bilderberg: Francke)
Fotos: A. Blich (52); HB Verlag, Hamburg (30, 34, 36, 40, 70); S. Gabriel (33, 47, 74, 79);
H. Lange (4, 18, 21, 51, 66, 86, 88, 92); Mauritius: Fagot (43), Hubatka (105); C. Nowak (49);
Schapowalow: Scholz (7, 58); Valdiu (38); Schuster: Högerle (14), Meier (72); S. Strumann (61, 65);
Transglobe: Oberschlep (29), Roth (10)

5, aktualisierte Auflage 2000 © Mairs Geographischer Verlag, Ostfildern
Chefredakteurin: Marion Zorn
Lektorat: Andrea Sach
Gestaltung: Thienhaus/Wippermann (Büro Hamburg)
Kartographie Reiseatlas: © Mairs Geographischer Verlag, Ostfildern; Verlag Haupka & Co., Bad Soden
Sprachführer: in Zusammenarbeit mit dem Ernst Klett Verlag für Wissen und Bildung GmbH,
Redaktion PONS Wörterbücher

Printed in Germany
Gedruckt auf 100% chlorfreiem Papier

# INHALT

# Entdecken Sie Island!

*Das Land der Geysire und Vulkane, der Wasserfälle und der Lavawüsten*

**A**ls wir das erste Mal nach Island kamen, lang ist's her, wußten wir, was uns erwartet. Es war ja alles erstklassig beschrieben in Büchern, Reiseführern, Prospekten. Wir brauchten die Glanzpunkte nur abzuhaken, die heißen Quellen und die springenden Geysire, die Fjordstürze und die Lavasäulen. Wir hatten uns informiert: Island ist das Land der großen Wasserfälle und der aktiven Gletschervulkane, dazu hier ein bißchen Wüste und dort ein bißchen Arktis, ein Hauch von Abenteuer, aber doch immer noch in zivilem Rahmen, denn das Land verfügt über eine gute touristische Infrastruktur, und zweitens gewährt der warme Golfstrom der Insel im Nordatlantik mildernde Umstände. Als wir Island nach drei Wochen verließen, wußten wir, daß wir nichts gewußt hatten.

Wir hatten hundert einsame Schlachten gegen den Wind, den Regen und die Straßenverhält-

nisse geschlagen, wir hatten ein paarmal gewonnen und meistens verloren. Aber es war großartig gewesen. Wir hatten versucht, Island per Fahrrad zu erobern, und lernen müssen, daß 20 Kilometer bei isländischem Gegenwind keine 20 Kilometer, sondern eine Ewigkeit sind. Wir haben alle Zeitpläne verworfen und ursprünglich ins Auge gefaßte Ziele vergessen müssen. Das Fahren selbst wurde zum Ziel. Das Erklimmen des nächsten Gipfels und der Ausblick von dort waren bejubelte Erfolge. Regenbogen wurden bestaunt, bis wir uns daran gewöhnten, daß es jeden Tag mindestens ein Dutzend davon zu sehen gibt. Das Aufstellen des Zeltes mit steifgefrorenen Fingern und in aller Eile vor dem nächsten Wolkenbruch geriet zu einem Akt der Selbsterhaltung. Die Gedanken kreisten um Socken und wie sie wohl bis zum nächsten Morgen trocknen würden. Das Anziehen von noch klammen Klamotten am Morgen war vielleicht das unangenehmste überhaupt und nur mit Humor zu ertragen: »Akureyri sehen und die

*Der Strokkur im Südwesten von Island läßt alle fünf bis zehn Minuten eine Wasserfontäne steigen*

Sonne genießen!« schworen wir uns, denn Akureyri, das liebliche Gartenstädtchen im Norden Islands, soll viel trockener sein als der regendurchpeitschte Süden. 470 Millimeter Jahresniederschlag gibt die Statistik für Akureyri an, für Reykjavík dagegen 799 Millimeter und für Vík an der Südspitze sogar 2300.

In jenem Urlaub hat uns die Sonne von Akureyri nicht mehr geschienen, erst bei späterer Gelegenheit, als wir im Geländewagen unterwegs waren. Aber auch damit ist man vor isländischen Unwägbarkeiten nicht gefeit. Auf der Fahrt zu einem Bauernhof östlich von Reykholt hatten wir nur noch die allerletzten Kilometerchen vor uns, als ein zum reißenden Wasserlauf angeschwollener Bach unmißverständlich Halt gebot. Was tun? Allen Mut zusammennehmen und durch? Zu riskant! Einen Leihwagen ins Wasser zu setzen und dann nicht wieder rauszubekommen ist ein teurer Spaß. Aber umzukehren war nach der langen Anfahrt ebenso schlimm und in gewisser Weise erniedrigend: Das darf doch nicht wahr sein, dachten wir, daß ein dämlicher Bach die gesamte Reiseplanung über den Haufen wirft, so kurz vor dem Ziel!

Aber es ließ sich nicht ändern. Der Bauer, der uns erwartet hatte, erschien nach einer Weile auf der anderen Seite des Wassers, lächelte ein wenig verlegen und winkte. Mehr haben wir von ihm nie zu sehen bekommen.

Was die Kleidung angeht, so hielten wir darauf, Form und Funktion wenn irgend möglich in Einklang zu bringen. Soll heißen: Regendicht und atmungs-aktiv sollte es wohl sein, das Outfit für Islands Outback. Aber doch auch ein bißchen chic und so, daß man sich damit in jedem Restaurant sehen lassen kann.

Um gleich zum Resultat zu kommen: Die Funktion hielt oft nicht, was die Werbung versprochen hatte, und die Formen schwanden im gleichen Maße dahin, wie die Funktionen versagten. Wind und Wetter arbeiten in Island als unerbittliche Warentester, und ein teurer Anorak, mit dem man am Skilift in den Alpen ohne weiteres hätte Furore machen können, wurde hier im Nu zum nassen Sack. Wiederbelebungsversuche sind zwecklos. Die Isländer, praktische Leute, hüllen sich nach guter alter Seefahrersitte in Ölzeug oder streifen häßliche, aber tatsächlich wasserdichte Plastikmäntel über. Und ins Restaurant dürfen sie damit auch.

Dem reizüberfütterten Besucher gewährt Island eine Menge Bekanntschaften, darunter vielleicht auch solche, die er gar nicht machen wollte, voran die Bekanntschaft mit sich selbst. Wer aus unserer Fernseh- und Videowelt kommt und sich der totenstummen Einöde einer isländischen Gesteinswüste aussetzt, wird womöglich Schwierigkeiten haben, den Anblick zu ertragen. Hier gibt es nichts, woran er sich festhalten, wohin er fliehen, womit er sich betäuben könnte, nur die kahle Wirklichkeit eines leergefegten kleinen Kontinents mit Namen Island. Wer losmarschiert in diese Wüste, dem nächsten Berg entgegen, über bröckelige Kämme, durch Furchen mit gesplitterten Steinen, der hört kein Geräusch außer dem der ei-

schichten sind ähnlich deutlich erkennbar wie die Jahresringe am Schnitt eines Baumstammes. Mag ja sein, daß jeder Fjord, wie die Isländer behaupten, eine Welt für sich ist, letztlich sind sie doch nur Variationen eines einzigen Themas. An Tagen ohne Sonne haben sie etwas Bedrückendes an sich. Man kann verstehen, daß auch die Leute von Ísafjörður von den Ablenkungen des Stadtlebens träumen, Ablenkungen, die sie in Island nur in Reykjavík finden.

Früher, da brachen aus dem kleinen Hafen von Ísafjörður die Fischer in ihren offenen Booten zum Fang auf, und niemand konnte sicher sein, ob sie auch wieder zurückkehrten. Es war ein Kampf ums Dasein. Die navigatorischen Hilfsmittel waren primitiv, und der Nordatlantik war genauso unfriedlich, wie er es heute ist. Das Überleben hing von der eigenen Kraft und dem sechsten Sinn des Seemanns ab. Worauf es aber am meisten ankam, war die Gunst des Schicksals. Die Seeleute waren allesamt tief gläubig – sie glaubten an Gott und an tausendundeinen Dämon. Es wird schon gutgehen, sagten sie sich. Etwas anderes durften sie gar nicht glauben, wollten sie ihre Familien ernähren. Und wenn's dann doch nicht gutging, war es halt so vorbestimmt. In ihrem Fatalismus nehmen es die Isländer mit jedem Araber auf, auch heutigentags noch.

Wie viele Geschichten gibt es von Frauen und Kindern, die vom Strand zusehen mußten, wie das Boot des Mannes oder Vaters in der Brandung kenterte! Generationen wuchsen hier auf, mit der ewigen Brandung in den Ohren und der unausweichlichen Bestimmung, aufs Meer hinauszufahren, Fisch zu fangen und eines Tages zu ertrinken. Innerhalb einer einzigen Generation hat sich das alles geändert. Die großen Trawler mit ihren perfektionierten Fanggeräten und Sicherheitseinrichtungen bleiben wochenlang auf See und steuern die kleinen Fjordhäfen kaum einmal an. Die Bauernsöhne aus dem Hinterland kommen nicht mehr zur Fangsaison nach Ísafjörður, sie werden nicht mehr benötigt. Die Höfe ihrer Väter und Vorväter bewirtschaften sie aber auch nicht mehr, es lohnt sich nicht. So ziehen sie in die Städte, suchen Arbeit im Baugewerbe, derweil Täler und Fjorde veröden, die Bauernhöfe verfallen. Mit ihren schwarzen Fenstern wirken sie wie Totenköpfe, die aus leeren Augenhöhlen auf die ungemähten Wiesen starren. Was der Mensch noch vor wenigen Jahren mit Leben erfüllte, bleibt nun Raben und Füchsen überlassen.

Jedes Jahr am 25. Januar wird in Ísafjörður (auch anderen Orten) der »Sonnenkaffee« serviert, ein Pfannkuchen mit Schlagsahne. Es ist dies kein eigentlicher Feier-, aber doch ein Freudentag, denn zum ersten Mal seit zwei Monaten lugt die Sonne matt über die Bergzinnen im Süden des Fjordes. Bei schönem Wetter erreichen ihre Strahlen sogar einen Teil des Städtchens und tauchen ihn in winterliches Licht. Der »Sonnenkaffee« bedeutet eine Art Erwachen aus dem Winterschlaf, die Isländer sagen »Wintertagsmattscheibe« dazu. Die Dunkelheit dieser Mo-

*Meterhoch türmen sich die Eisberge auf dem Jökulsárlón*

nate schlägt den Menschen aufs Gemüt und schränkt ihre Leistungskraft merklich ein. Am 25. Januar endet die Schlummerzeit, auch wenn bis zur deutlicheren Unterscheidung von Nacht und Tag noch Wochen vergehen.

Szenenwechsel. Im Süden der Insel liegt Þórsmörk, ein Gebiet voller Hügel, Schluchten und Klippen, das von drei Gletschern gegen die Winde abgeschirmt und zugleich von ihnen bedroht wird: vom Tindfjallajökull (1462 m), dem Eyjafjallajökull (1666 m) und dem mächtigen Mýrdalsjökull-Massiv (1450 m). Die Szenerie ist gewaltig, von äußerster Wildheit. Das Auge erblickt überall phantastisch geformte Felsen, schwarz und braun und so groß, daß sie an Festungen erinnern. Einzelne Örtlichkeiten haben Namen wie »Elfenkirche« oder »Geisterschlucht«, tatsächlich aber liegt etwas Erhabenes über dieser Landschaft. Für isländi-

sche Verhältnisse ist sie mit geradezu üppiger Vegetation gesegnet, es gibt Farne, Wildblumen und die im ganzen Land berühmten Zwergbirken von Þórsmörk. Oft sieht man das Alpenschneehuhn, das in Island als Weihnachtsbraten geschätzt wird. Þórsmörk ist eine Oase der Vielfalt auf einer Insel, wo die einzelnen Landschaftsformen ansonsten säuberlich voneinander getrennt sind: entweder fette Grasweiden oder Wüste, entweder Wasser oder Lava, entweder Leben oder Tod.

Dank seiner geschützten Lage herrscht in Þórsmörk zu allen Jahreszeiten ein ruhigeres, trokkeneres und sonnigeres Wetter als in den umliegenden Gebieten. Natürlich ist der Hochsommer die beliebteste Reisezeit, doch die Isländer kommen auch gern im Frühherbst – der leuchtenden Farben wegen. Das isländische Wort »mörk« bedeutet im allgemeinen Wald (auch Feld), so daß Þórsmörk seit alters her als Wald (oder Feld?) des Gottes Thor gilt. Gefährdet ist dieses Idyll, weil zwei der drei windabweisenden Gletscherberge tätige Vulkane unter ihrem Eis bergen, wobei die Katla im Mýrdalsjökull-Massiv von den Isländern stets mit dem Zusatz »heimtükkisch« bedacht wird. Etwa alle 70 Jahre verursachen die Ausbrüche der Katla (Hexe) verheerende Gletscherläufe. In der Gesamtzahl der Ausbrüche soll Katla, wie Vulkanologen unschwer nachweisen können, ihrer größeren und berühmteren Schwester Hekla um eine Eruption voraus sein, und da zuletzt Hekla grummelte (1991), rechnet jetzt alles mit einer Antwort von Katla. Terminieren läßt sich so was nicht. »Vielleicht morgen, vielleicht in einem Monat, vielleicht in zehn Jahren«, meinte der Isländer, den wir am pechschwarzen Schottersaum des Mýrdalsjökull gefragt haben. Die Zukunft wird zeigen, was davon zu halten ist.

Auch der Eyjafjallajökull hat lange schon geschwiegen, exakt seit 1822, aber in seinem Inneren, das weiß man, rumort es in einem fort. 175 Jahre Passivität sind nur eine Verschnaufpause für einen Vulkan, das bewies am 20. Dezember 1975 der Krafla im Norden der Insel. Gerade als man damit beginnen wollte, die geothermischen Gegebenheiten dieses Vulkans, der sich seit Jahr-

hunderten nichts hatte zuschulden kommen lassen, für ein Kraftwerk zu nutzen, spuckte Krafla neunmal in Folge und ließ dabei jede Menge Dampf ab. Als das Kraftwerk drei Jahre später fertiggestellt wurde, erreichte es nicht annähernd die erhofften Megawatt-Werte, und man führt das auf die vorausgegangenen Krafla-Kraftmeiereien zurück.

Die Vulkane sind, vor den großen Wasserfällen und vor den insgesamt 780 heißen Quellen, Islands größte Attraktion. In einer Zeit wie der unseren wird ihr Show-Wert ungleich höher geachtet als ihr Gefahrenpotential. Wann immer ein Vulkan aufmuckt, wo immer ein wenig Lava über die Kraterränder schlabbert, sind die Kameras schon in Position, und die filmische Ausbeute wird in Reykjavík, Reykjahlíð und anderen Orten in sogenannten »Volcano Shows« vorgeführt. Die letzten größeren Ausbrüche von Hekla (1970) und Askja (1971) gerieten zu Touristeneruptionen: Das Publikum wurde in Bussen vors flammende Inferno gekarrt. Der Respekt gegenüber den Vulkanen, namentlich der Hekla, war schon mal größer. Es läßt sich heute schwer nachvollziehen, wie es dazu kam, aber im Mittelalter sah das christliche Europa in der Hekla (der »Kapuzenträgerin«) das Zentrum allen Unheils, die Pforte zur Hölle. Aus Heklas tie-

---

### Isländisch von 1 bis 10 und mehr

1 = einn; 2 = tveir; 3 = þrir; 4 = fjórir; 5 = fimm; 6 = sex; 7 = sjö; 8 = átta; 9 = níu; 10 = tíu; 20 = tuttugu; 30 = þrjátíu; 40 = fjörutíu; 50 = fimmtíu; 60 = sextíu; 70 = sjötíu; 80 = áttatíu; 90 = níutíu; 100 = hundrað; 1000 = þúsund.

fem Schlund ertönte das Geschrei der armen Seelen, das Gestöhn der Gefolterten – so nachzulesen in Herbert von Clairvaux' »Buch der Wunder«, erschienen 1180.

Auch für den lutherischen Universitätsdirektor Caspar Peucer standen, 400 Jahre später, Hölle und Hekla in unmittelbarem Zusammenhang, und der katholische Gelehrte de la Marinière wies nach, warum der Satan seine Folterstätte just hier und nirgendwo sonst anlegen mußte: Damit sich die Gepeinigten nicht zu bald an die höllische Feuersglut gewöhnten, zerrte der Teufel sie immer wieder aufs nahe Eis, in mörderische Kälte.

Jede zweite oder dritte Generation der Isländer bekam es mit einem Hekla-Ausbruch zu tun, was ihren Ruhm mehrte und die Angst schürte. 1693 schleuderte der Vulkan solche Mengen Ascheregen aus, daß die Fische in den Seen, die Schneehühner auf den Bergen und das Vieh auf den Weiden verendete. Zwischen 1766 und 1768 wütete Hekla ohne Unterlaß, die ausfließende Lava überdeckte 65 Quadratkilometer, und »es verstummte der Klang der Butterkessel und der Laut der Schafe weithin«, wie ein Chronist klagte. Kurz darauf aber nahm eine gar nicht geringe Heldentat, die in Europa freilich wenig Beachtung fand, der Hekla einiges von ihrem höllischen Nimbus: Eggert Ólafsson und Bjarni Pálsson, isländische Gelehrte, wagten die Besteigung, besichtigten den Krater eingehend, ohne dem Teufel ins Gehege zu kommen und kehrten wohlbehalten zurück. Nach 1845 schwieg Hekla

102 Jahre lang und galt schon als erloschen. Wie groß die Überraschung war, als sie am 29. März 1947 plötzlich wieder lospolterte, gibt am besten die Äußerung einer Bäuerin in Heklanähe wieder: »Zu so was braucht die nicht lange, das dreckige Biest!«

Weitaus verheerender als jeder Hekla-Ausbruch waren die Laki-Eruptionen, die am Pfingsttag 1783 begannen und sich über Monate hinzogen. Der Laki ist kein eigentlicher Vulkan, eher eine Kraterreihe, Lakagígar, die sich zwischen Mýrdals- und Vatnajökull über 40 Kilometer von Südwest nach Nordost zieht. Jón Steingrímsson, der Pastor von Prestbakki, hielt das Geschehen in seiner »eldrit«, der »Schrift über das Feuer« fest: »Erdbeben leiteten das Unheil ein, trieben die Bauern der Skaftafellssýsla aufs freie Feld, wo sie in Zelten hausten. Nach einer Woche stiegen unter Donnerschlägen riesenhafte Aschenwolken himmelan. Dem folgte die Lava, füllte glutfließend, die Wasser in Dampf verwandelnd, die Strombetten. Aus über 22 Ausbruchsstellen loderten hohe Flammensäulen.« Und so ging das, mit immer neuen Eruptionen, fort bis in den Herbst. Vernichtet wurde die Hälfte des isländischen Viehbestandes, vier Fünftel der Schafe, drei Viertel der Pferde. Überlange Winter, Mißernten, Pocken und andere Epidemien blieben Island über viele Jahre hinweg erhalten, und am Hof in Kopenhagen wurde ernstlich erwogen, die Bevölkerung gänzlich zu evakuieren.

Island ohne Isländer! Eine kuriose Vorstellung. Die Isländer, nationalbewußt, wie sie sind, lachen heute darüber. Damals, als die ganze Insel unter Vulkanasche lag, hätten sie sich kaum gewehrt. Das Vorhaben scheiterte einzig an technischen Schwierigkeiten. Glücklicherweise. Unter den Bedingungen des ausgehenden 18. Jahrhunderts war Island noch viel weiter aus der Welt, als es heute ist. 798 Kilometer Luftlinie sind es von der Ostspitze Islands bis nach Schottland, 287 Kilometer Luftlinie von der Westspitze Islands bis zum nächsten Nachbarn, und das ist Grönland. Island – ein Erdteil im Taschenformat.

Die Abgeschiedenheit der Insel hat ihre Bewohner geprägt. Sie waren in der Vergangenheit kaum einmal gezwungen, ihre Wertvorstellungen an den Werten anderer Nationen und anderer Gesellschaften zu messen. Was in Island gut war, war absolut gut. Was aus der Fremde nach Island kam, und war es auch weltberühmt, wurde nach isländischen Maßstäben neu beurteilt (und bestand diese Prüfung oftmals nicht). Eine solch rigorose Provinzialität läßt sich im Zeitalter weltumspannender Kommunikation kaum aufrechterhalten. Popmusik und amerikanische Fernsehserien, europäische Touristen mit ihren Wünschen und Mitbringseln und nicht zuletzt die Auslandsreisen der Isländer verwässern den altvorderen »Islandismus«. Einstweilen wird ihm noch auf dem Gesetzeswege Vorschub geleistet. Fremdwörter werden gnadenlos islandisiert. Beispiele: aus »Telefon« wird »Sími« (Draht), der Reisepaß wird zum altgermanischen »Vegabréf« und der Busbahnhof zum »umferðamiðstöð«. Das »Fernsehen« heißt auf isländisch »Sjónvarp« (Bildrausschicker). Die Zeit und die elektronische Datenverarbeitung werden diese und andere starre Haltungen lockern. Isländer sind geradezu technikversessen, für viele Isländer gilt der Grundsatz: möglichst das Beste und Neueste. Neue Produkte werden nicht, wie in Deutschland, mißtrauisch beäugt, sondern sind nach kurzer Zeit in vielen Haushalten vorhanden. Bei den Jugendlichen stehen Sportwagen an höchster Stelle der Achtungsskala. Wer einen solchen, für die isländischen Straßen eigentlich völlig ungeeigneten Wagen besitzt, steht im Ansehen ganz oben. Isländer öffnen ihre Geschäfte manchmal unregelmäßig und nehmen das ständig wechselnde Wetter wie's kommt: »Das Wetter ist schlecht? Warten Sie fünf Minuten – dann wird's sicher besser!«

### Die Marco Polo Bitte

Marco Polo war der erste Weltreisende. Er reiste in friedlicher Absicht, verband Ost und West. Er wollte die Welt entdecken, fremde Kulturen kennenlernen, nicht zerstören. Könnte er heute für uns Reisende nicht Vorbild sein? Aufgeschlossen und friedlich sollte unsere Haltung auf Reisen sein. Dazu gehören auch Respekt vor Mensch und Tier und die Bewahrung der Umwelt.

**WWF**

13

# Von Alkohol bis Wüste

*Marco Polo informiert Sie*
*über die Eigenheiten des Landes*

## Alkohol

Ein teurer Spaß. Verkauft werden alkoholische Getränke in Island in exakt 22 staatlichen Monopolläden *(áfengisbúð):* Reykjavík (5), Seltjarnarnes, Hafnarfjörður, Akranes, Ólafsvík, Ísafjörður, Sauðárkrókur, Siglufjörður, Akureyri, Egilsstaðir, Seyðisfjörður, Neskaupstaður, Höfn, Vestmannaeyjar, Selfoss, Blönduós, Stykkishólmur und Keflavík. Öffnungszeiten: Mo bis Do 14 bis 18 Uhr, Fr 11.30 bis 18 Uhr. Man muß mindestens 20 Jahre alt sein, um Alkoholika einkaufen zu können. Immerhin sind die Getränke in den *áfengisbúð* um mindestens ein Viertel preiswerter als in Bars und Restaurants. Dort zahlt man, je nach Status des Restaurants, zwischen 40 und 80 Mark für eine Flasche Rotwein (0,75 l, Tischweinqualität) oder zehn Mark für ein Glas Bier (0,35 l). Das einzige alkoholische Getränk, das es überall und zu erschwinglichen Preisen gibt, ist eine Art Light-

*Lummen und Tordalken leben*
*in Felsbehausungen an den Küsten*

Bier *(bjór)* mit 2,2 Prozent Alkohol. Eine Dose kostet etwa drei Mark. Alkohol ist für die Isländer ein Problem, der Alkoholismus ist weit verbreitet, wie auf den Straßen von Reykjavík zu bemerken ist, schon unter Jugendlichen. Das eigentliche Nationalgetränk ist ein isländischer Aquavit, ein Branntwein auf Kartoffelbasis. Sein Spitzname ist *svarti dauði,* was »Schwarzer Tod« bedeutet. Einführen darf man einen Liter starken Alkohol, dazu einen Liter schwachen oder zwölf Flaschen Exportbier. Der Duty-free-Shop im Flughafen Keflavík steht Touristen auch bei der Einreise offen. Auch dort sind alkoholische Getränke teuer, aber für isländische Verhältnisse immer noch günstig. Übrigens, Alkohol am Steuer ist gänzlich verboten.

## Angeln

Island mit seinen sauberen Flüssen und Seen und seinem Fischreichtum ist ein Paradies für Angler. Besonders Lachsangler zieht es auf die Insel, denn nirgendwo auf der Welt, behaupten die Isländer, gibt es besseren Lachs.

Der isländische Lachs *(salmo salar)* wird 50 bis 80 cm lang und bis zu zehn Pfund schwer. Manchmal darf's auch mehr sein: Der dickste je in Island gefangene Lachs wog 21 500 Gramm. Die besten Lachsflüsse sind die Elliðaár (unmittelbar bei Reykjavík) und die Laxá im Nordwesten (**107/E6**). Meerforellen *(salmo trutta)*, bis zu 20 Pfund schwer, kommen in den meisten Flüssen vor, der Saibling (bis zu 12 Pfund schwer) in den ungezählten isländischen Binnenseen, unter denen der Þingvallavatn (**113/E4–5**) und Mývatn (**110/A4–5**) als besonders gute Angelreviere gelten. Die Lachssaison dauert von Mai bis September, Höhepunkt im Juli. Forellen dürfen in den Seen vom 1. April bis 26. September geangelt werden, in den Flüssen vom 1. April bis 20. September. Fischqualität und Fischreichtum haben ihren Preis: Die Lizenz für nur einen Tag Lachsfang kostet bis zu 4000 Mark, Forellen dürfen ab 30 Mark Lizenzkosten geangelt werden. Viele Seen sind in Privatbesitz. Dort müssen die Preise privat ausgehandelt werden. Alles Wissenswerte über das Angeln in Island, auch über die Möglichkeit zum Hochseefischen (auf Heilbutt oder Dornhai), findet sich in einem Büchlein mit dem Titel »Veiðiflakkarin«, das zu beziehen ist über *Icelandic Farm Holidays, Bændahöllin v/Hagatorg, 107 Reykjavík (Tel. 562 36 40).* Auskünfte gibt auch der Angelclub von Reykjavík *(Tel. 568 60 50, Anschrift: Háaleitisbraut 68).* Angelausrüstungen müssen entweder fabrikneu oder desinfiziert sein bzw. können bei der Einreise desinfiziert werden. Die Desinfektion muß von amtlicher Seite bescheinigt sein.

## Geländefahrzeuge

Man kann ganz Island auf einer nicht immer asphaltierten Straße umkurven. Sobald man jedoch den einen oder anderen Abstecher ins Landesinnere unternehmen will, bekommt man es nicht nur mit Geröll-, Sand- und Lavapisten zu tun, sondern vor allem mit reißenden Flüssen, über die einem keine Brücke hilft. Kurzum, in Island kann sich die Geländetauglichkeit der schicken Allradboliden und ihrer Fahrer tatsächlich erweisen. Wer sich mit einem normalen Auto durch Furten wagt, ist selbst schuld. Ein allradgetriebener Geländewagen ist das ideale Fahrzeug für Island. Aber es ist noch lange kein Freibrief für pannenfreies Durchkommen, zumal die optimistischen Auskünfte der Einheimischen zu Fragen der Streckenbeschaffenheit mit Vorsicht aufzunehmen sind: Wegstrecken, die der Isländer seit Jahren kennt, sind für den Mitteleuropäer mit Tücken und Fallen gespickt. Vier Punkte sind grundsätzlich zu beachten:

1. Das Fahrzeug sollte in einem Topzustand sein (Werkzeug, Ersatzschutzscheibe, Reservereifen etc.).

2. Lebenswichtige Teile des Motors (z.B. Verteiler, Zündkerzenstecker) sollten gegen Spritzwasser geschützt werden.

3. Jede Furt, und sieht sie auch noch so harmlos aus, sollte vor der Durchquerung zu Fuß abgegangen werden. Oft finden sich in der Flußmitte tiefe Rinnen, und ist ein Fluß nicht zu Fuß zu

durchwaten, geht's eigentlich auch mit dem besten Geländewagen nicht.

4. Das Schild »LOKAÐ« (gesperrte Piste) bedeutet das Ende jeder Fahrt. Übertretungen werden streng geahndet und selbst in scheinbar menschenverlassenen Gegenden erstaunlich schnell bemerkt, zumal häufig Kontrollen aus der Luft erfolgen.

## Gestein

Island besitzt zwei weltberühmte Mineralienfundstätten: Teigarhorn am Berufjörður (**117/E 2–3**) und Helgustaðir am Reyðarfjörður (**117/E–F 1**). Beide stehen unter Naturschutz, das Mitnehmen von Mineralien ist nicht erlaubt, es sei denn, man kauft sie beim Grundstückseigentümer. Am Teigarhorn gibt es schöne Zeolithstufen, die in der nur bei Ebbe zugänglichen Steilwand sitzen. Manchmal fallen einzelne Stükke infolge Verwitterung herunter; die kann man dann erwerben. Der begehrte isländische Doppelspat findet sich in einem stillgelegten Steinbruch bei Helgustaðir. Island ist überwiegend aus dunklen, schwarzblauen Basaltmassen aufgebaut. Selbst der Sand, ob an der Küste oder in den Wüsten des Landesinneren, ist nicht hell, sondern dunkelgrau, oft schwarz. Am Strand kann man schöne, geschliffene Basaltsteine finden. Langsame Abkühlung des Basaltgesteins führte in verschiedenen Fällen zu pittoresken Säulenbildungen. Berühmt ist der sogenannte »Kirchenfußboden« in Kirkjubæjarklaustur (**115/E 4**) – eine Steinfläche mitten in einer Wiese, bei der die Säulenenden wie Fliesen nebeneinanderstehen. Bevor ein Vulkan ausbricht, sammelt sich Gas über dem allmählich durch die Gesteinsschichten aufsteigenden Magma. Das noch darüberliegende Gestein wird eingeschmolzen, bevor es mit der Eruption in einem Tephraregen (Tephra, griech. = Asche) herausgeschleudert wird. Tephra-Ablagerungen im Bereich der Ausbruchstellen nehmen mit der Zeit als Folge von Oxidation und vulkanischen Dämpfen zwei Farben an, die zum Zauber isländischer Vulkanregionen beitragen: gelb (Schwefel) und rot (Eisenoxid). Die später herausquellenden Lavamassen sind anders zusammengesetzt. Sie enthalten mehr Olivin und bilden den Olivinbasalt. Bei dessen Verwitterung werden die grünlichen Olivinkristalle frei, zu sehen beispielsweise an der Küste von Snæfellsnes (**112/A–C 1–2**). Wenn die Vulkanschmelze abkühlt, ohne Gasblasen zu bilden, entsteht Obsidian (vulkanisches Glas). Obsidian ist in Island schwarz und wird Rabenstein *(hrafntinna)* genannt. Viele Isländer wähnen ihr Haus gegen Feuer geschützt, wenn sie einen solchen Stein besitzen.

## Geysire

Die meisten der über 700 heißen Quellen an insgesamt 300 verschiedenen Orten in Island führen kristallklares Wasser und sind schwach alkalisch (pH 8). Der Mensch hat diesen Bodenschatz seit jeher genutzt. Das älteste erhaltene Thermalbad ist ein gemauertes Becken, das sich Snorri Sturluson im 13. Jahrhundert in Reykholt (**113/E 3**) gebaut hat, das sogenannte *snorralaug*. Es gibt natürliche Badestellen wie in Landmannalaugar (**114/C 4**), aber auch zahlreiche angelegte Thermalbäder. Die einst beliebte Grjótagjá-Badestelle im Mývatn-Gebiet (**110/A 4–5**) kann nicht mehr benutzt werden: Infolge zunehmender vulkanischer Tätigkeit wurde das Wasser zu heiß. In Reykjavík wie auch an vielen anderen Orten wird das heiße Wasser zum Heizen genutzt. Bei besonders ergiebigen Heißwasservorkommen, so in Hveragerði (**113/E 5**), werden Treibhäuser für Gurken, Tomaten und Südfrüchte unterhalten. In alkalischem Wasser lösen sich Silikate aus dem Gestein und werden an der Austrittsstelle des Wassers als Kieselsinter (Geyserit) wieder abgeschieden. Daher sind die heißen Quellen oft von kraterartigen Wällen und Sinterterrassen umgeben. In diesen Ausscheidungen sind Pflanzenteile und Vulkanasche eingeschlossen, woraus sich das Alter der Quellen bestimmen läßt. Wo das Wasser siedend heiß zutage tritt, werden manchmal noch wie in alten Zeiten Speisen gegart oder Brote (flache Roggenbrote, isländ. *hverabrauð*) gebacken. Der

Urvater aller Geysire, der »Große Geysir« im Haukadalur (**114/A 2**) springt nicht mehr. Er war namengebend für die Springquellen dieser Erde, doch hat er infolge tektonischer Verwerfungen nach Erdbeben seine ehemals bis zu zwölf Stunden währenden Eruptionen eingestellt. Lange Zeit wurde er zum Bankfeiertag künstlich (mittels 50 kg Schmierseife) in Gang gesetzt. Doch seit 1992 verzichtet man aus Umweltschutzgründen darauf. Immerhin befindet sich nur wenige Schritte von ihm entfernt der Strokkur (das bedeutet Butterfaß), ein kleinerer, aber um so fleißigerer Geysir, der durchschnittlich alle 5–10 Minuten springt. Das Geysir-Phänomen wurde erstmals 1846 von Robert Bunsen untersucht und gedeutet. Danach erhitzt sich am Grunde des tiefen Schachtes das Wasser auf weit über 100 Grad. Der Druck der darüberstehenden Wassersäule erhöht den Siedepunkt und damit den Übergang in Wasserdampf. Allmählich steigen Gasblasen auf, reißen Wasser mit sich, und das daraufhin schnell verdampfende,

*Geothermische Energie wird in Island industriell genutzt*

überhitzte Wasser erzeugt hohen Druck und schleudert das darüberstehende Wasser aus dem Schacht. Bunsen begründete diese Annahme auf ein leicht nachvollziehbares Experiment, meinte aber selbst, daß die Verhältnisse in der Natur verwickelter sein könnten. So nimmt man heute an, daß unter der Erde anstelle eines senkrechten Schachtes gebogene Röhren vorhanden sind, an deren höchstgelegenem Teil sich Dampf sammelt, bis der Druck ausreicht, um das Wasser auszuschleudern. Das Wasser kann aber auch gleich als Dampf austreten. Dann spricht man von Fumarolen. Auch hier entsteht um die Austrittstelle ein Sinterkegel. Der Dampf ist weit über 200 Grad heiß.

## Gletscher

11 800 qkm oder 11,5 Prozent Islands sind von Gletschern bedeckt. Allein der Vatnajökull ist mit 8400 qkm größer als alle Alpengletscher zusammen. Es folgen der Langjökull mit 2300 qkm, Hofsjökull (1000 qkm), Mýrdalsjökull (700 qkm), Drangajökull (200 qkm), Eyjafjallajökull (100 qkm), Tungnafellsjökull (70 qkm). Die isländischen Gletscher bezeichnet man als »temperiert«, d. h. ihre Temperatur liegt in der Nähe des Gefrierpunktes. Nur im Winter sinken die Temperaturen tiefer. Man weiß heute, daß unmittelbar nach der Eiszeit für Island eine Wärmeperiode folgte, in der nur Reste der Gletscher auf den höchsten Bergkuppen übriggeblieben waren. Es herrschte üppige Vegetation, halb Island war mit Birkenwald bewachsen. Vor 2500 Jahren wurde es wieder kälter, die Gletscher breiteten sich erneut aus. Im 19. Jh. hatten sie zuletzt ihre größte Ausdehnung. Seither ziehen sie sich – bald unmerklich, bald schubweise – zurück. Die Schmelzwasserflüsse führen große Mengen Geröll und feiner Erde mit sich. Das Gestein ist wenig widerstandsfähig und läßt sich dementsprechend leicht abtragen. Am Rande sind die Gletscher stark zerklüftet und schmutzig. Infolge vulkanischen Ascheregens können sie sogar regelrecht schwarz erscheinen. Dem Islandbesucher sei daher empfohlen, nicht nur mal eben bis zum Gletscherrand zu fahren. Der Eindruck ist in den meisten Fällen enttäuschend. Geführte Gletscherbegehungen sind dagegen von bleibendem Erlebniswert. Vor 1000 Jahren führten vier Wege über den Vatnajökull, der riesige Gletscher scheint auf die frühen Isländer wenig abschreckend gewirkt zu haben. Abgesehen von einigen fehlgeschlagenen Versuchen wurde er dann erst wieder Anfang des 20. Jhs. von Forschern begangen. Seit 1950 fahren Mitglieder der isländischen Gletschergesellschaft mit Raupenfahrzeugen übers Eis, um Messungen durchzuführen. Touristische Gletscherquerungen mit Hilfe von »Schneekatzen« können am besten in Skálafellsjökull (**116/B–C 4**), an der Südseite des Vatnajökull, in Angriff genommen werden. Information: *Jöklaferðir, Hafnarbraut 780 Höfn, Tel. 478 10 00*

## Hochland

Wer die Hauptstraße verläßt, landet in weithin unbewohnten

Hochlandgegenden. Er wird keine Geschäfte und keine Tankstellen finden, und viele Hochlandstraßen sind nur mit Vierradantrieb zu befahren. Sie werden selten vor Anfang Juli für den Verkehr freigegeben, einige sogar erst Mitte Juli. Es empfiehlt sich, vor einer Tour in abgelegene Gebiete beim »Securitas«-Rettungsservice in Reykjavík *(Tel. 56860 68)* Bescheid zu geben und dort den Zielort und die geplante Ankunftszeit zu hinterlassen. Sollte man sich über die Maßen verspäten, wird eine Suchaktion in Gang gesetzt. Das hat schon manchem Islandtouristen aus der Not geholfen.

## Islandpferde

Schon die frühen Siedler, ob aus Irland, Schottland oder Norwegen, brachten Pferde nach Island. Das waren, zieht man die Verhältnisse auf den damaligen Schiffen in Betracht, bestimmt nicht die größten Pferde. Sie lebten halbwild oder wild und vermehrten sich prächtig. Zäune gab es nicht. Im Jahr 930 beschloß das isländische Parlament, das Alþing, ein Einfuhrverbot für Pferde. Es gilt bis heute. So schufen die natürlichen Verhältnisse auf der Insel die Rasse der Islandpferde. Sie mußten den kargen Umweltbedingungen gewachsen sein, sonst gingen sie zugrunde. Auf magerer Weide mußten Gebiß und Verdauungsorgane mit harten Kräutern und Flechten fertig werden. Die harten, naturbestimmten Zuchtkriterien gelten bis heute: Im Sommer weiden die Pferde auf hochgelegenen Bergwiesen, im Winter werden sie zwar zu den Höfen geholt, aber nicht in jedem Fall in den Stall. Dann bekommen sie ein Fell von sechs bis acht Zentimeter langen Deckhaaren und eine dichte, bis zu drei Zentimeter starke Unterwolle. Auch die Beine sind dann stark behaart, was das Aussehen der Pferde ein wenig plump, aber auch liebenswert zottelig macht. Die Deckhaare legen sich so zusammen, daß Regenwasser weitgehend abfließt und die Unterwolle trocken bleibt. Dieses Winterfell im Sommer loszuwerden ist ein langwieriger Vorgang. Die Tiere scheuern sich, wo immer sie können. Oft rupfen sie sich mit dem Gebiß gegenseitig die Haare aus. Das Sommerfell ist dünner, glatter, kürzer, aber immer noch perfekt wasserabstoßend. Das Islandpferd mißt am Widerrist etwa 1,35 m bis 1,40 m. Es ist damit größer als ein Pony, aber auch deutlich kleiner als ein Hannoversches Warmblutpferd. Man unterscheidet zwei Haupttypen. Im trockenen Norden Islands, wo die Böden fester sind, sind die Pferde kleiner, zierlicher, lebhafter. Im regnerischen Süden sind sie schwerer und behäbiger. Neben den üblichen Pferdegangarten Schritt, Trab und Galopp zeichnet sich das Islandpferd durch zwei ungewöhnliche Fortbewegungstechniken aus: den Paßgang und den Tölt. Beim Paßgang werden die beiden rechten bzw. linken Beine jeweils gleichzeitig gesetzt. Dadurch ist der Gang leicht schaukelnd. Beim Tölt werden die Beine gleichsam im Viertakt aufgesetzt, was für den Reiter einen sehr ruhigen Sitz bedeutet. Die Islandpferde sind auch im schwierigsten

Gelände ungewöhnlich trittsicher. Beim Durchqueren von Flüssen finden sie instinktiv die richtigen Stellen. Ihre eigentliche Stärke ist die Ausdauer. Geländeritte von 80 km sind nichts Ungewöhnliches.

## Kunst

Auf den ersten Blick ist Island selbst ein Kunstwerk, ein Wunder der Natur, das so überwältigend ausfällt, daß die menschlichen Hervorbringungen vergleichsweise schüchtern erscheinen. Das harte Leben auf dem entlegenen Eiland konzentrierte die Bemühungen der Einheimischen auf Gebrauchsgegenstände – und die wurden in Einzelfällen durchaus kunstvoll geschnitzt, geschmiedet, geschmückt und verziert. Alte Bausubstanz ist selten, das Betonzeitalter kam mit Macht über Island: Das Wohnen in früheren Jahrhunderten läßt sich nur noch in Freilichtmuseen erahnen. Doch bekanntermaßen ist auch mit Beton Außergewöhnliches zu schaffen. Ein Beispiel dafür ist der Architekt Guðjón Samúelsson (1887–1950). Die Universität, das Nationaltheater, die katholische Kirche, die Hallgrímskirche, das Hotel Borg (alle in Reykjavík) sind seine Werke.

Mehr als ein Jahrtausend gaben sich die Isländer mit ihrer Volksmusik zufrieden. Das erste symphonische Konzert fand erst Ende des 19. Jhs. in Reykjavík statt. Inzwischen gibt es ein Symphonieorchester und mehrere kleine Ensembles, und über das Land verstreut existieren 60 Musikschulen. Zu einem echten Weltstar reifte die Popsängerin Björk heran, die aus der isländi-

*Skulptur des isländischen Bildhauers Sveinsson*

schen Gruppe »Sugar Cubes« hervorgegangen ist. Sie lebt heute in London.

Alte isländische Maler, so es sie gab, haben keine Spuren hinterlassen, dagegen sind die Werke neuzeitlicher Maler in Galerien in Reykjavík zu besichtigen. Asgrímur Jónsson (1876–1958), Jón Stefánsson (1889–1962) und Jóhannes Kjarval (1885–1972) sind die bekanntesten. Bei der Biennale 1986 in Venedig sorgte der isländische Maler Erró (bürgerlich: Guðmundur Guðmundsson) mit surrealistischen Werken für Aufsehen. Er ist populär in Island. Die erste abstrakte Malerin Islands war Nína Tryggvadóttir (1913–1968), deren Glasmalereien und Mosaiken auch im Ausland bekannt wurden. Einar Jónsson (1874 bis 1954) ist der bekannteste isländische Bildhauer. In Reykjavík gibt es, neben der Hallgrímskirche, das Einar-Jónsson-Museum sowie das beeindruckende »Denkmal des Geächteten« (Kopie in Akureyri) sowie die Statue des ersten Siedlers Ingólfur Arnarson. Moderne Plastiken von internationalem Rang schuf Ásmundur Sveinsson (1893–1982). Ein Teil seiner Werke ist in seinem ehemaligen Studio in Reykjavík zu bewundern.

An Renommee gewonnen hat in letzter Zeit der isländische Film, der aus finanziellen Gründen stets auf internationale Koproduktionen angewiesen ist. Die bekanntesten Regisseure sind Friðrik Þor Friðriksson (»Children of nature«), Hrafn Gunnlaugsson (»Im Schatten des Raben«) und Þorstein Jónsson (»Atomstation«).

## Literatur

Die Literatur ist fester Bestandteil im Leben der Isländer, es gibt keinen Haushalt, weder auf dem Land noch in der Stadt, der nicht über eine gut sortierte Bibliothek verfügte. Das Lesen und die Leidenschaft für das geschriebene Wort sind ein Identitätsmerkmal der kleinen Nation, das Fernsehen hat daran erstaunlich wenig ändern können. Die klassischen Beispiele der isländischen Literatur sind die Sagas und die Edda. Letztere, in Versform geschrieben, stellt germanisches Heldentum dar und hat mit Island nur insofern zu tun, als sie dort aufgezeichnet worden ist. Die Sagas berichten in Prosaform von der Zeit der Landnahme in Island und den darauffolgenden Jahren, konkret: der Zeit von 874 bis zum Beginn des 11. Jhs. Die Sagas sind, was leicht vergessen wird, literarische Werke. Das heißt, sie sind als historische Quellen zwar nutzbar, aber nicht unbedingt wörtlich zu nehmen. Immerhin spiegeln sie jene wohl auch von Zeitgenossen als »historisch« empfundenen Vorgänge wider, mit denen sich die Isländer im tiefsten Mittelalter eine demokratische Staatsform schufen. Insofern bilden die Sagas, mögen auch die meisten erfunden oder gleichnishaft sein, doch auch ein faszinierendes Geschichtsbuch.

Das Jahr 1117 wird oft als Beginn der isländischen Literaturgeschichte bezeichnet, denn von diesem Zeitpunkt an wurden die Gesetze beim jährlichen Alþing nicht mehr auswendig vorgetragen, sondern schriftlich fixiert. Und zu diesem Zeitpunkt auch verfaßte ein gewisser Ari Þorgilsson das *Islendingabók* über die Entdeckung und Besiedlung des Landes. Er war auch Mitverfasser das *Landnámabók,* in dem die ersten Siedler Islands ausführlich vorgestellt werden. In beiden Büchern mischen sich Sage, Fabulierfreude und historische Fakten. Im 20. Jh. werden weltweit vor allem drei isländische Autoren gelesen: Jón Sveinsson mit seinem 1913 in Deutschland erschienenen Buch »Nonni. Erlebnisse eines junger Isländers von ihm selbst erzählt«, Gunnar Gunnarsson (1889–1974) mit seinen Romanen »Die Eidbrüder« und »Die Leute auf Borg« sowie Halldór Kiljan Laxness (1902–1998), der 1955 mit dem Nobelpreis geehrt wurde. Laxness hat im Laufe seines langen Lebens ein gigantisches literarisches Werk geschaffen, gleichsam die Sagas der Neuzeit. Von den jüngeren Autoren erregte besonders Einar Kárason internationales Aufsehen. In seinem Roman »Die Teufelsinsel« schildert er drastisch das alkoholgetränkte Leben in den Vorstädten von Reykjavík.

## Meerestiere

Das Zusammentreffen warmer und kalter Meeresströmungen macht die Gewässer um Island zu den reichsten Fischgründen der Erde und den Schelfbereich, der ungefähr der 50-Meilen-Zone entspricht, zu einem idealen Laichgebiet. Etwa 150 Fischarten kommen vor, von denen 66 hier laichen. Die Fische sind nicht nur für die isländische Wirtschaft sehr wichtig, sondern locken auch Fangschiffe anderer Nationen. Bei den politischen Auseinandersetzungen, die als »Kabeljaukrieg« bekannt wurden, ging es um jahrhundertealte Gewohnheitsrechte. Island mußte sich massiv gegen die Überfischung seiner Gewässer wehren, die modernen Trawler mit ihren elektronischen Suchgeräten, Schleppnetzen und Verarbeitungsanlagen an Bord sorgten für eine rapide Verarmung der Fischgründe, obschon sie doch eigentlich die Erträge hatten steigern sollen. Von 1971 bis 1974 war der Heringsfang vor Island gänzlich verboten, seit 1977 fischen keine ausländischen Schiffe mehr vor der Insel.

Empfehlenswert ist der Besuch des See-Aquariums auf Heimaey, der Hauptinsel der Vestmannaeyjar-Gruppe. Beeindruckend ist besonders der Seewolf (Kattfisch). Mit seinem kräftigen Gebiß, das aus gekrümmten Fangzähnen und abgeflachten Mahlzähnen besteht, ist er in der Lage, Muscheln und Krebse zu knacken und zu verzehren. Er lebt im Küstenbereich, allerdings in einiger Tiefe.

In isländischen Gewässern kommen 17 verschiedene Walarten vor. Von 1880 bis 1915 betrieben die Norweger hier einen so intensiven Walfang, daß die Tiere fast ausgerottet wurden. Nur ein vollständiger Schutz (1915–1935) machte es möglich, daß 1948 eine isländische Gesellschaft den Fang wieder aufnehmen konnte. Die Fangzahlen waren schon vor 1989, als der Walfang eingestellt wurde, begrenzt – insgesamt wurden jährlich zwischen 200 und 500 Finnund Pottwale gefangen. Die Fangschiffe brachten zwischen Mai und September beinahe täglich einen Wal nach Hvalfjörður, wo er mit Seilwinden die Rampe heraufgezogen und innerhalb von zwei Stunden ausgeweidet und abgespeckt wurde. 1999 beschloß das isländische Parlament trotz zahlreicher Proteste von Umwelt- und Tierschützern aus aller Welt die Wiederaufnahme des Walfangs.

## Namen

Die isländische Namengebung geht auf alte germanische Traditionen zurück. Der Vorname ist wesentlich wichtiger als der Nachname, nicht nur im täglichen Umgang der Menschen miteinander, sondern auch im Telefonbuch und in behördlichen Verzeichnissen. Ein Einar wird dort als Einar geführt, auch wenn er mit Nachnamen Jónsson heißen sollte. Der Nachname bedeutet lediglich »Sohn des Jón«. Die Tochter des Jón – nennen wir sie Gudrun – würde im Telefonbuch unter Gudrun zu finden sein, und zwar als Gudrun Jónsdóttir, soll heißen: Gudrun, Tochter des Jón.

## Pflanzen

Es gibt in Island etwa 440 Arten Blütenpflanzen, 500 Moos- und 450 Flechtenarten. Der Charakter der Pflanzenwelt ist arktisch bis nordeuropäisch, wenige Zuwanderungen von Westen her konnten unter den klimatischen Bedingungen gedeihen. Oberhalb von 600 m kommt eine Bartflechte vor, die es auf der Nordhalbkugel sonst nur auf arktischen Inseln gibt. Das Isländische Moos *(fjallagrös)* wurde früher als Nahrung verwendet. Ältere Lavafelder sind oft mit einem dichten Moosteppich bewachsen, der bei Trockenheit eine eintönig graue Farbe annimmt. Frischgrüne Moosrasen sind an den Wasserläufen, im Spritzwasserbereich der Wasserfälle und in Sumpfgebieten verbreitet. An vielen Stellen von der Küste bis hin zu den Gletschern trifft man das Taubenkropfleimkraut an. Besonders in Wüstengebieten fallen die weit verstreut wachsenden Exemplare mit ihren weißen Blüten und den aufgeblähten Blütenkelchen auf. Weit verbreitet ist auch der Arktische Thymian *(blóðberg)*. Die würzig duftende Pflanze wird gern zur Teezubereitung verwendet. Unter den Weidenröschen ist das Arktische Weidenröschen *(eyrarrós)* mit seinen großen purpurfarbenen Blüten besonders erwähnenswert. Es stammt aus Amerika und ist in Island auf Flußinseln *(eyrar)* und an Ufern in größeren Beständen zu finden. In moorigen Wiesen gibt es oft große Vorkommen an Wollgras *(fífa)*. Die wolligen Samenhaare wurden früher zur Herstellung von Dochten für Tranlampen benutzt. Am Rande von Gewässern ist der grünblühende, bis 175 cm hoch wachsende Engelwurz *(hvönn)* ein gewohntes Bild. Der Engelwurz war lange Zeit eine der wenigen ergiebigen Gemüsepflanzen in Island und wurde angebaut. Zu den Pflanzen feuchter Standorte zählt auch das Gemeine Fettkraut. Mit seinen klebrigen, drüsenreichen Blättern fängt es Insekten, um seinen Bedarf an Nährstoffen zu decken. Typische Pflanzen der Küste sind die Strandkamille und der Meersenf mit seinen dickfleischigen Blättern und weißlichen Blüten. Der Strandroggen *(melur)* wächst häufig an der Küste und an sandigen Stellen des Binnenlandes. Er diente früher als Brotgetreide. Der Isländische Mohn *(garðasól)* ist eine beliebte Gartenpflanze.

## Schafe

Zur Zeit beläuft sich der Bestand der isländischen Schafe auf 480 000 Tiere. Durch staatliche Reglementierung wird ihre Zahl aber von Jahr zu Jahr verringert, weil die Schafe Hauptverursacher der Erosion sind. Das Scheren im Sommer ist recht schwierig, weil die weit im Land weidenden Tiere nur mühsam eingefangen werden können. So trifft man vielfach Tiere, denen noch Fetzen der nachgewachsenen Winterwolle am Körper herabhängen. Im Herbst werden die Schafe zusammengetrieben und in großen Pferchen gesammelt. Beim Zusammentreiben ist das Islandpferd eine unverzichtbare Hilfe. Jung und alt beteiligen sich am Treiben wie an der Schur. In manchen ländlichen Gegenden Islands ist dies das größte Volksfest. Um den Pferch

## So sprechen Sie Isländisch

In diesem Führer sind alle isländischen Namen und Begriffe in ihrer originalen Schreibweise angegeben, die eine Reihe von Sonderzeichen enthält. Hier einige Tips zur Aussprache mit Beispielen (betont wird die erste Silbe):

| | | | |
|---|---|---|---|
| Á, á | au, wie in »Haus« (Já) | O, o | kurzes o, wie in »offen« |
| Æ, æ | ei, wie in »Eis« (Bær) | Ó, ó | langes o, etwa wie in |
| Au, au | öi, etwa wie in »Feuilleton« | | »Boot« (Ólafsvík) |
| | (Laugar) | R, r | wie im Spanischen gerollt |
| Ð, ð | weiches th, wie im engl. | rn | wie dn (Barn) |
| | »the« (Fjörður) | rl | wie dl (karl) |
| fl | wie pl (Keflavík) | U, u | wie ü (Sumar) |
| fn | wie pn (Höfn) | Ú, ú | wie u (Brú) |
| Hv, hv | wie qu (Hveravellir) | V, v | wie w (Vík) |
| Í, í | langes i (Ísland) | Þ, þ | hartes th, wie im engl. |
| ll | wie dl (Jökull) | | »thing« (Þingvellir) |

## Ein paar Worte Isländisch

Guten Tag = góðan dag; Tschüß = bless; Auf Wiedersehen = vertu sæl (f. ♀), sæll (f. ♂); heute = í dag; morgen = á morgun; geöffnet = opið; geschlossen = lokað; ja = já; nein = nei; Prost! = Skál; Toilette = snyrting; Campingplatz = tjaldstæði; Busbahnhof = umferðarmiðstöð; Telefon = sími; Polizei = lögregla; Rauchen verboten = reykingar bannaðar; Pferdeverleih = hestaleigar.

---

herum sind Boxen abgeteilt, in die die Schafe von ihren Besitzern nach den Marken in den Ohren sortiert werden. Viele Lämmer, sofern sie über 15 Kilo wiegen, werden jetzt geschlachtet. Schaffleisch ist eines der wichtigsten Nahrungsmittel in Island.

### Sprache

Isländisch gehört zu den altnordischen Sprachen und ist eng verwandt mit dem Altnorwegischen und dem Färöischen. In 1000 Jahren hat sich die Sprache kaum verändert. Die isolierte Lage der Insel ist eine Ursache dafür. Allerdings achtet man in Island auch sehr darauf, die Sprache von Fremdwörtern freizuhalten. Jeder technische Begriff muß »isländisiert« werden, eine Kommission wacht darüber. Auch dürfen Kinder keine ausländischen Namen bekommen. Insgesamt weist die isländische Sprache rund 100 000 Wörter mit 600 000 Bedeutungen auf. Sie ist recht schwer zu lernen, hat einige Buchstaben, die es in anderen Alphabeten nicht gibt, und ist für uns von der Aussprache her recht kompliziert.

### Statistik

Island erstreckt sich über eine Fläche von 103 000 qkm. Nur etwa ein Prozent dieses Gebietes gilt als kultiviert. 20 Prozent sind Grasland, elf Prozent sind Lavafelder, zwölf Prozent Gletscher, drei Prozent Seen. Und 52 Prozent sind ungenutztes Ödland.

Der nördlichste Landpunkt Islands ist die unbewohnte Insel Kolbeinsey (67° 09°Nord), der südlichste die 1963 entstandene Vulkaninsel Surtsey (62°17´30˝ Nord), der westlichste Kap Bjargtangar am Látrabjarg in den Westfjorden (24 °32´West), und der östlichste ist die unbewohnte Schäre Hvalbakur (13 °17´West). 273 000 Menschen leben auf Island, davon mehr als 106 000 in Reykjavík. Haupterwerbszweig ist die Fischerei. 11,5 Prozent der Isländer fangen oder verarbeiten Fisch, und auch die 35 Prozent der Isländer, die im Handel und Dienstleistungsgewerbe ihren Lebensunterhalt verdienen, ja selbst Industrie und Handwerk sind mittelbar von der Fischindustrie abhängig. Island ist seit 1944 eine unabhängige Republik. Das Parlament *(alþing),* das auf mehr als 1000 Jahre Geschichte zurückblicken kann, hat 63 Mitglieder.

## Torfhäuser

Früher mußten die Bauern ihre Häuser aus dem bauen, was das Land hergab. Der Birkenwald lieferte kaum brauchbares Baumaterial. Nur sehr wohlhabende Leute konnten sich Holz aus Norwegen kommen lassen. Und so wurden in Island über Jahrhunderte die sogenannten Torfhäuser errichtet, aus Feldsteinen und Torfsoden. Die Dächer wurden mit Grassoden gedeckt. Bis weit ins 19. Jh. wohnten die Menschen in solchen Häusern, heute werden nur noch wenige als Freilichtmuseen erhalten. Die Grassoden, mit denen man die Dächer abdeckte, waren so schwer, daß man große Räume damit nicht überspannen konnte.

Also wurde jedes Bauernhaus in mehrere Einzelhäuser aufgeteilt, miteinander verbunden waren sie durch einen überdachten Gang. Die Wände hielten die Wärme draußen – günstig für die Vorratshaltung. Inwieweit sie auch die Kälte abhielten, läßt sich heute schwer nachvollziehen. Die Menschen in den alten Zeiten waren nicht verwöhnt und wappneten sich mit dicker Wollkleidung. Fenster gab es meist nur im Giebel. Sie waren klein gehalten, nicht aus architektonischen Gründen, sondern der Kälte wegen. Die Betten der Frauen standen stets unmittelbar am Fenster, da sie Licht brauchten zum Spinnen und Nähen.

## Vögel

Die Zahl der Vogelarten in Island wird derzeit mit 227 angegeben, 78 davon brüten auch hier. Einschließlich der Fjorde und Buchten hat Island eine Küstenlänge von 5000 km. Die Klippen und Steilküsten bieten Seevögeln ideale Nistmöglichkeiten. In den Felsennischen nisten Lummen sowie die Dreizehenmöwen in dichten Kolonien. Die Eier der Lummen sind birnenförmig. Sie drehen sich beim Anstoßen im Halbkreis und fallen nicht vom Gesims herunter. Halberwachsen stürzen sich die jungen Lummen vom Brutplatz ins Meer hinab (Lummensprung), auf dem sie fortan leben. Die größte Baßtölpelkolonie der Erde nistet auf Eldey. Der taubengroße Papageientaucher *(lundi)* wird mit Netzen gefangen und als Delikatesse geschätzt. Diese Vögel brüten nicht in Felswänden, sondern in verzweigten Niströhren unter dem Gras. Zum Füttern der Jungen können sie bis zu zwölf Fische im bottichförmigen Schnabel tragen. Wer sie einmal gesehen hat, wird sie kaum noch verzehren mögen. Schon mancher Wanderer hat in Island unangenehme Bekanntschaft mit der Küstenseeschwalbe gemacht, die mit lautem Geschrei und spitzem Schnabel auf ihn niederstößt, sobald er ihrem Brutgebiet zu nahe kommt. Die Küstenseeschwalbe ist vermutlich der Weltrekordler unter den Zugvögeln: Zum Überwintern fliegt sie bis hinunter zur Antarktis. Wenn in den Heideflächen der Goldregenpfeifer *(heiðlóa)* auftaucht, beginnt für die Isländer der Sommer. Entsprechend sehnsüchtig wird dieser Vogel erwartet. 15 Arten Entenvögel brüten allein am Mývatn. Die Eiderente genießt bei den Bauern besonderen Schutz. Sie hat längst alle Scheu vor den Menschen verloren und brütet auf den Höfen im Bereich der Stallungen. Die Eiderdaunen, die sich das Weibchen reichlich auszupft, um das Nest zu polstern, werden von den Menschen sehr geschätzt. Sie werden nach dem Schlüpfen der Jungen aus den Nestern gesammelt. Aus 60 bis 70 Nestern kann man etwa ein Kilo Daunen gewinnen. Dem Singschwan kann man an Seen und Flüssen begegnen. Von den drei isländischen Greifvögeln ist der Seeadler der seltenste, der Merlin der häufigste. Mit dem Gerfalk wurde früher schwunghafter Handel getrieben. Heute zählt er zu den geschützten Vögeln.

### Vulkane

Seine Lage auf dem Mittelatlantischen Rücken macht Island zum aktivsten Vulkangebiet der Erde. Von den rund 200 nacheiszeitlichen Vulkanen sind seit Besiedlung Islands um das Jahr 900 mindestens 30 Vulkane insgesamt 150mal ausgebrochen, das heißt, die Eruptionen erfolgen gleichsam im Sechsjahresrhythmus. Manche dieser Ausbrüche waren katastrophal und vernichteten alles Leben in ihrer Umgebung. Islands berüchtigtster Vulkan ist die Hekla, die im Januar 1991 ihren letzten Ausbruch hatte. Ein unterseeischer Vulkan ließ 1963 vor der Südküste Islands die Insel Surtsey entstehen. Zehn Jahre später wurde die Stadt Heimaey auf den Vestmannaeyjar fast vollständig unter Vulkanasche begraben. Der letzte Vulkanausbruch ereignete sich im Oktober 1996 im Vatnajökull. Fast alle bekannten Vulkanformen sind auf Island zu finden. Besonders typisch sind Spaltenausbrüche, so gibt es zahlreiche, meist gradlinig verlaufende, tiefe Bruchspalten von vielen Kilometern Länge mit Reihen von Kratern und Kraterkegeln, so zum Beispiel die Leirhnjúkur-Spalte im Kraflagebiet. Es gibt Schildvulkane wie auf Hawaii mit flach ansteigenden Hängen aus gasarmer Basaltlava. Eindrucksvoll der Skjaldbreiður. Man findet Tafel- oder Horstvulkane wie den Herðubreið, die während der Eiszeit unter Gletschern entstanden und an ihren steil aufragenden Wänden erkennbar sind. Das schönste Beispiel für Zentralvulkane vom Fudschijama-Typ ist der Snæfellsjökull. Es gibt Explosionskrater, die sich ohne jede Bergaufschüttung als Maare zeigen, oder sogenannte »Caldera«-

Typen mit großen kraterähnlichen Kesseln, wie beispielsweise im Askja-Gebiet.

## Wald

Island ist waldarm. Die größeren Baumbestände, wie es sie nur am Lágarfljót im Osten oder in Þorsmörk in Gestalt von hageren Moorbirkenbeständen gibt, sind für Mitteleuropäer nur Wäldchen. Um so überraschender finden sich in den alten Sagas Stellen, wo von »ausgedehnten Wäldern« die Rede ist. Diese wurden jedoch schnell gerodet, man verwendete das Holz als Brennmaterial, zum Schiffbau und zur Errichtung der damals noch üblichen Langhäuser. Durch eine Klimaverschlechterung und fehlende Wiederaufforstung verödeten weite Landstriche. Ein weiteres Problem, besonders im 20. Jh., war der übermäßige Schafbestand. Durch Schafsverbiß werden die Sämlinge derart geschädigt, daß sie nicht zu Bäumen heranwachsen. Im Prinzip gilt: Wo keine Schafe weiden, könnte auch wieder Wald gedeihen. Gerade wegen des Mangels an Bäumen und der damit verbundenen Bodenerosion werden immer mehr Flächen von Schafhaltung freigestellt. An einigen Stellen wird immerhin versucht, das Land aufzuforsten. Das bekannteste und größte Projekt ist Hallormsstaður. 1903 wurde hier von einem Privatmann ein botanischer Garten für Bäume eingerichtet, bald darauf übernahm der Staat die Anlage. Auf 170 Hektar wurden über 50 Baumarten aus Samen gezogen. Sie stammen von 155 verschiedenen Orten aus nördlichen Gegenden der Erde.

Die ersten Versuche wurden mit Bergesche, Birke und Nadelbäumen gemacht. Die Birken gedeihen am besten. Inzwischen steht dort ein kräftiger Birkenwald.

## Wasserfälle

Islands Flüsse werden reichlich durch Niederschläge und Schmelzwasser der Gletscher gespeist und bahnen sich entsprechend energiegeladen den Weg zum Meer. Manche Flüsse haben tiefe Schluchten ausgeräumt, fast alle stürzen sich über zahlreiche Geländestufen in die Tiefe. Der mächtige Gullfoss bildet erst zwei Kaskaden mit 32 m Höhenunterschied, ehe sein Wasser in einer schmalen Schlucht verschwindet. Dabei zerstäubt das Wasser in nebelfeine Tröpfchen, in denen die Sonne einen großartigen, oft doppelten Regenbogen hervorruft. Über dem Wasser liegt dann ein goldener Glanz, daher der Name: Gullfoss, Goldwasserfall. Im Norden, in der Nähe von Akureyri, befindet sich der Goðafoss (Götterwasserfall). Der Dettifoss ist mit 44 m Fallhöhe zwar nicht der höchste, aber vom Wasservolumen her der größte aller isländischen Wasserfälle. Der Skógafoss an der Südküste stürzt über 60 m in die Tiefe. Mit den Wasserfällen besitzt Island große, noch ungenutzte Energiereserven.

## Wüste

30 Prozent Islands, das sind rund 30 000 qkm, gelten als Wüste, was dem Besucher zunächst nicht so ganz einsichtig sein wird, denn es regnet zuweilen tagelang in diesen Wüsten. Doch

*Die Wasserfälle gehören zu den beeindruckenden Naturschauspielen Islands*

anders als in den heißen Gegenden der Erde sind die isländischen Wüsten nicht niederschlags-, sondern bodenbedingt. Das heißt, die obersten Bodenschichten sind dermaßen durchlässig, daß das Wasser zu schnell versickert, als daß es zur Bildung von Vegetation beitragen könnte. Die grauen Kies- und Sandmassen der eiszeitlichen Endmoränen halten das Wasser genauso wenig fest wie die Ablagerungen von Lockermaterial (z.B. Bims an der Askja), und auch die Lavafelder lassen es ungenutzt absickern. Sand- und Staubstürme schichten kleine Dünen auf, im Winter toben Schneestürme durchs Land. Im Mittelalter führten Wege durch die Wüste. Auf ihnen ritten die Bewohner aus allen Landesteilen nach Þingvellir oder zu den Fischfangplätzen. Die Wege gibt es noch immer – in Form von Wüstenpisten, die mit Geländefahrzeugen durchquert werden können. In Zeiten, da die Bevölkerung in Unfreiheit und Elend lebte, wurden die Wüsten gemieden. Weitverbreiteter Aber- und Geisterglaube führte zu großer Furcht vor diesen trostlosen Landesteilen, in die sich die straffällig gewordenen und vom Alping als geächtet erklärten Isländer zurückziehen mußten.

# Fische, Schaf und Schwarzer Tod

*Die isländischen Gerichte sind manchmal fremdartig,
meistens interessant und immer teuer*

### Essen

Günstig ist es nicht, das Essen und Trinken in Island. Selbst dann nicht, wenn man sich einen ganzen Urlaub lang nur mit Kiosk- und Tankstellennahrung (Fish & Chips, Hot dogs etc.) behelfen wollte. Aber wer will das schon? Für ein heißes Würstchen mit Pommes frites zahlt man umgerechnet acht Mark. An der Imbißbude, wohlgemerkt. Die größeren Restaurants, so teuer sie auch sein mögen, warten mit geschmackvolleren und interessanteren Speisen auf, darunter einer Vielzahl isländischer Spezialitäten. Beispiel: *Þorramatur,* ein Festschmaus, der sogar manchem eingefleischten Island-Fan versagt bleibt, weil er außerhalb der Reisezeit, im Februar, aufgetischt wird. *Þorramatur* ist eine Art Erinnerungsmahl an die Wikingerzeit und besteht aus Salzfisch mit zerlassenem Schafsfett, gesäuerten Schafshoden, gesäuertem Walspeck, kräftig nach Ammoniak riechenden Fisch-

streifen vom Hai (den man Monate vorher zum Reifen in Flußbetten vergraben hatte), gesäuerter Schafsblutwurst mit Zucker und schwarzgesengten Lammköpfen zum Abschluß. Wem das ein bißchen mächtig (und womöglich unappetitlich) vorkommt, dem sei verraten, daß auch die Isländer mit reichlich *svarti dauði,* dem heimischen Branntwein, spülen müssen, um das alles runterzubekommen. Eine weitere isländische Spezialität, die nicht nur zur Weihnachtszeit (dann aber bestimmt) serviert wird, heißt *hangikjöt.* Das ist gepökeltes und geräuchertes Lammfleisch zu Kartoffeln mit weißer Sauce und grünen Erbsen.

Klipp- und Stockfisch (am leckersten vom Schellfisch) wird mit dem Hammer weichgeklopft und roh mit etwas Butter zum Bier verzehrt. *Kleinur,* in Lammfett ausgebackener Brandteig, wird gern zum Kaffee kredenzt, ebenso hauchdünne Waffelrollen, die mit Schlagsahne und/oder Marmelade gefüllt sind. *Hverabrauð* ist der Name für das an heißen Quellen stundenlang gegarte Pumpernickelbrot.

*Stockfisch steht seit Jahrhunderten
auf dem isländischen Speiseplan*

Viele isländische Spezialitäten sind nicht nur in ihrer Zusammenstellung, sondern mehr noch vom Anblick her gewöhnungsbedürftig. Schwarzgesengte halbe Schafsköpfe *(svið)* mit ihren traurigen Augen wirken auf Mitteleuropäer nicht unbedingt appetitanregend, man muß sich schon ein wenig überwinden. Aber dann schmeckt's. Sobald ein Isländer den gelinden Grusel seines Gastes bemerkt, wird er unweigerlich behaupten, die Augen seien mit Abstand das Beste am Lammkopf. Blutwurst *(blóðmör)* und Leberwurst *(lifrarpylsa)*, beide vom Lamm, werden traditionell in saurer Molke gelagert und sind reichlich fette Angelegenheiten. Der gebratene oder auch gekochte Papageientaucher *(lundi)* wird dem Islandfremden emotional noch mehr Schwierigkeiten bereiten als jeder Schafskopf, denn bevor ihm so ein Vogel auf den Teller kommt, wird er ihn, sei es in der Natur oder auf dem Foto, schon als besonders possierliches Tierchen kennengelernt haben. Überwindung ist also auch hier vonnöten. Papageientaucher haben festes, zartes Fleisch, das ein wenig an Wildbret erinnert. Da ein Papageientaucher allein nicht sonderlich viel Fleisch hergibt, werden meist mehrere Tiere pro Person zubereitet. *Skyr* und *súrmjólk* sind auch bei Touristen beliebte Molkereiprodukte. *Skyr* gehört, wie wir aus Überlieferungen wissen, seit über 1000 Jahren zum Speiseplan der Isländer, heute meist als Dessert. Skyr ist etwa ein Mittelding zwischen Quark und Joghurt, wird mit Milch verdünnt und mit Zucker oder Früchten gesüßt. *Súrmjólk*

ist Sauermilch, die es in gewöhnlicher Milchtütenverpackung in jedem Lebensmittelgeschäft zu kaufen gibt. Weitere Spezialitäten: Die sogenannte »Lachstorte« wird auf Brot serviert mit viel Crème fraîche, Mayonnaise, Meerrettich, Dill und gekochten Eiern. Lachsfilets (in Island oft von gewaltigen Dimensionen) schmecken besonders gut in Sauerampfersoße. Für eingelegte Heringe gibt es im Isländischen einen Ausdruck, den man vielleicht mit »Glasmeisterheringe« übersetzen könnte: Die Salzheringsfilets werden mit roten Zwiebeln, Ingwerpulver, Meerrettich, einer Möhre und viel Zucker eingelegt. Zum ordentlichen Lammeintopf gehören weiße Bohnen und Möhren, derweil unter den vielen Zubereitungsvarianten von Lammfilet vielleicht die folgende als besonders isländisch bezeichnet werden kann: Das Filet wird in eine dicke Salzkruste gelegt, dann gebraten (es bleibt so besonders saftig), und schließlich wird die Salzkruste abgeklopft. Ergänzend sei vielleicht erwähnt, daß die Speisekarte jedes besseren Restaurants in Island ausgezeichnete internationale Gerichte bietet, nur eben etwas teurer als gewohnt. Die Durchschnittspreise für ein Essen in Island (ohne Getränke): Frühstück ca. 1000 ISK; Mittagstisch ca. 1600 ISK; Abendessen 2000–2400 ISK. Viele isländische Hotels und Gaststätten bieten von Anfang Juni bis zum 15. September spezielle Touristenmenüs an. Sie bestehen grundsätzlich aus Vorspeise (Suppe), einem Fleisch- oder Fischgericht und abschließendem Kaffee. Die Preise lie-

*Getrockneter Haifisch: eine Delikatesse in Island*

gen um 800–1000 ISK (mittags) und 1100–1700 ISK (abends). Kinder bis fünf Jahre essen gratis, Kinder bis zwölf Jahre zahlen die Hälfte. Der isländische Hotel- und Gaststättenverband *(101 Reykjavík, Hafnarstræti 20, Tel. 552 74 10, Fax 552 74 78)* gibt eine Broschüre über Touristenmenüs heraus. Das Fast-food-Geschehen konzentriert sich in Island, von McDonald's in Reykjavík und einem gläsernen »Kentucky Fried Chicken«-Palast in Akureyri einmal abgesehen, auf die Tankstellen überall im Lande, die fast ausnahmslos Hot dogs, Fish & Chips und dergleichen im Angebot haben. In Einzelfällen kann man aber auch auf Delikatessen stoßen, zum Beispiel auf frische Krabbengerichte oder köstliche Muschelsuppen.

## Trinken

Das isländische Wasser ist erstklassig, selbst in vielen Flüssen. Bei Gletscherflüssen sollte man wegen des Sedimentgehaltes vom Trinken absehen. Nach Schwefel riechendes warmes Wasser sollte nicht getrunken werden, da es Durchfall verursachen kann. In manchen Hotels findet man Extrawasserhähne für Normal- und für Trinkwasser. Wein ist in Island durchweg importiert, durchweg extrem teuer und wird in Restaurants meist in kleinen 0,35-Liter-Flaschen serviert. Das landesübliche Leichtbier hat 2,2 Prozent Alkohol und heißt *bjór*. Dem heimischen Branntwein *(brennivín)* wird gern und oft zugesprochen, im Volksmund heißt er *svarti dauði*, Schwarzer Tod. Das alkoholfreie Hauptgetränk der Isländer ist schließlich der Kaffee. Für einen großen Becher Kaffee zahlt man zwar auch einen Betrag zwischen zwei und fünf Mark, doch wird dafür oft unaufgefordert und kostenlos eine zweite Tasse nachgeschenkt. Zu beachten ist: Bei privaten Einladungen wird es als unhöflich empfunden, wenn die zweite Tasse Kaffee abgelehnt wird.

# Isländische Wolle und Strickware

*Island-Pullover sind nach wie vor ein Renner*

An einem Andenken kommt in Island anscheinend niemand vorbei: dem berühmten Island-Pullover. Isländer sagen, man könne einen Touristen daran erkennen, daß er einen solchen Pullover trägt, während die Isländer dergleichen gar nicht anzögen. (Was natürlich nicht stimmt: Sie ziehen ihn nur im Sommer selten an, weil sie meinen, es sei dann zu warm für einen Wollpullover, worüber man aber geteilter Meinung sein kann.) Die Pullover gibt's in allen erdenklichen Farben und Mustern. Die nach guter alter Art gestrickten sind besonders dick und meist von schlichtem Weiß und Blau, angereichert allenfalls um Violett- und Erdtöne. Ganze Straßenzüge in Reykjavík (vor allem Austurstræti und Hafnarstræti) scheinen der Aufgabe gewidmet, jeden Fremden mit heimischem Wollzeug auszustatten. Trotz der großen Konkurrenz wird man für einen guten Pullover 6500–8000 ISK

anlegen müssen. Fast alle Stadtrundfahrten legen einen Stopp beim Laden der Álafoss-Wollfabrik ein, wo die Pullover im allgemeinen eine Idee billiger sind als in den Touristenshops. Noch günstiger sind die Pulloverpreise im Geschäft der »Handknitting Association of Iceland« an der Skólavörðustígur 19. Hier zahlt man 5500–6500 ISK für einen guten Pullover, und das ist wirklich nicht zuviel. In den anderen Städten gibt es auch häufig Läden, die Wollwaren verkaufen, in Akureyri und Vík bestehen Fabrikläden. Sowohl in den Läden als auch in den Fabriken ist Wolle relativ günstig zu erwerben.

Eine Besichtigung wert sind die isländischen Keramik- und Schuhwaren, deren oft recht individuelles Design den einen befremden und den anderen möglicherweise entzücken wird. Isländische Briefmarken sind durchweg bildschön, derweil Mineralien besser nicht im Shop erworben, sondern draußen auf freiem Feld gesammelt werden. Reykjavíks großer Kitschladen, der *Thorvaldsens Basar,* befindet sich in der *Austurstræti 4.*

*Diverse Einkaufsgelegenheiten bietet die Innenstadt von Reykjavík*

# Erster Sommertag und der Tag der Seefahrer

*In den Sommermonaten erwacht in Island
die Lust am Feiern*

**Z**war gibt es in Island keine international angesehenen Kulturfestivals, dennoch hat Reykjavík kulturell einiges zu bieten. Es gibt vor allem im Sommer Ausstellungen einheimischer und ausländischer Künstler. Erwähnenswert ist auch das Reykjavík Arts Festival, das alle geraden Jahre in den ersten Juniwochen stattfindet. Die Tatsache, daß Reykjavík im Jahr 2000 Kulturstadt Europas ist, wird dazu beitragen, die Stadt kulturell in einem anderen Licht zu sehen.

Große Sportereignisse sind der Marathonlauf im August sowie das ⚲ Mittsommernachts-Golfturnier im Juni, zu denen sich Menschen aus aller Welt in Island treffen.

## OFFIZIELLE FEIERTAGE

1. Januar *Neujahrstag*
*Gründonnerstag*

*Reitsport wird in Island
großgeschrieben*

*Karfreitag*
*Ostersonntag*
*Ostermontag*
*Erster Sommertag* (3. Donnerstag im April)
1. Mai *Tag der Arbeit*
*Christi Himmelfahrt*
*Pfingstsonntag*
*Pfingstmontag*
17. Juni *Unabhängigkeitstag*
*Bankfeiertag* (1. Montag im August)
24.–26. Dezember *Weihnachten*
31. Dezember *Silvester*

## FESTE UND VERANSTALTUNGEN

### Februar/März
### Karneval
Obwohl Karneval in Island keine große Rolle spielt, haben doch wenigstens die Kinder einigen Spaß daran. Am Rosenmontag *(bolludagur)* werden sie mit großen Eiskrem- und Sahnewaffeln verwöhnt, und Aschermittwoch haben sie einmal im Jahr das Recht, die Erwachsenen auf jede nur erdenkliche Art zu erschrecken.

*Eine Isländerin
zeigt sich in alter Tracht*

## April
### Sumardagurinn fyrsti

Am dritten Donnerstag im April wird in Island der erste Sommertag gefeiert. Allerdings sollte man das Wort Sommer nicht wörtlich nehmen, denn häufig schneit es an diesem Tag. Der Feiertag wird mit Umzügen und Straßenfesten begangen.

## Juni
### Tag der Seefahrer

In der ersten Juniwoche feiern die Isländer *sjómannadagurinn,* den Tag der Seefahrer, der vor allem von der mächtigen Seemanns-Gewerkschaft unterstützt wird. In vielen Hafenorten gibt es an diesem Tag Veranstaltungen und Feiern.

## 17. Juni – Unabhängigkeitstag

★ Das größte Fest Islands ist der 17. Juni, der Tag, an dem die Insel 1944 die volle Unabhängigkeit von der dänischen Krone erhielt. Am stärksten gefeiert wird in Reykjavík – mit Straßenparaden, Straßenmusik, bunten Kostümierungen und Tanz. Zur Tradition dieses Tages gehört es leider auch, daß die Sonne sich nicht blicken läßt, was aber der Freude normalerweise keinen Abbruch tut.

## August
### Bankfeiertag

Am ersten Montag im August wird in Island der Bankfeiertag begangen, genauer gesagt: das landesweite Fest der Bank- und Kaufleute. An diesem verlängerten Wochenende ist fast ganz Island unterwegs. Einige Orte haben sich an diesem Wochenende zu beliebten Ausflugszielen entwickelt, z.B. Húsafell, Ásbyrgi, Siglufjörður, Landmannalaugar und natürlich die Vestmannaeyar, wo an diesem Wochenende auf Heimaey mit großer Ausgelassenheit das *Þjóðhátíð* gefeiert wird. In einigen Orten werden an diesem Wochenende Rockkonzerte veranstaltet – eine Gelegenheit, den *Icelandic Way of Life* der isländischen Jugendlichen kennenzulernen, vorausgesetzt man stört sich nicht an den zahlreichen total betrunkenen Kids. Wer es ruhig mag, sollte an diesem Wochenende einen Bogen um Húsafell und Landmannalaugar machen.

### Þjóðhátíð

★ Am ersten Wochenende im August ist auf Vestmannaeyjar *þjóðhátíð,* ursprünglich auch eine Art Nationalfeiertag, was aber kaum noch jemandem bewußt ist. 1874 feierte noch ganz Island diesen Tag an der Traditionsstätte Þingvellir, weil man von den Dänen das langersehnte Recht auf Selbstverwaltung erhalten hatte. Auch die »Westmänner« wollten mitfeiern, kamen aber infolge schlechten Wetters nicht von ihrer Insel weg. Seither wird zu Hause gefeiert. Man kampiert im Freien, tanzt, singt, grillt und entzündet ein großes Feuerwerk. Während im übrigen Island an diesem Wochenende allenfalls kleinere Barbecues und das eine oder andere Pferderennen veranstaltet werden, bleibt auf Vestmannaeyjar für drei Tage und drei Nächte buchstäblich die Zeit stehen. Wie sehr, das macht eine typische Westmänner-Legende deutlich: Die Fischer hatten eine große Walherde in den Hafen getrieben, und eigentlich konnte das Abschlachten beginnen. Doch da begann mit Bollerschüssen die *þjóðhátíð*, und die Fischer stürzten sich unverzüglich ins Vergnügen.

## Menningarnótt

★ Kulturnacht in Reykjavík. In der ganzen Stadt sind bis spät in die Nacht Aufführungen zu sehen, es gibt Aktionen und Veranstaltungen. Auf den Straßen spielen Musiker, und Gaukler treten auf. Den Abschluß bildet ein großes Feuerwerk am See Tjörnin.

## September
## Schaf- und Pferdeabtrieb

Reizvolle Festlichkeiten auf lokaler Ebene sind Schaf- und Pferdeabtrieb im September. Während der zwei bis drei Wochen, in denen Islands Schafe geschoren werden, fließt reichlich Schnaps, oft wird zum Tanz aufgespielt. Gewöhnlich beginnt der Schafabtrieb Anfang der zweiten Septemberwoche und der Pferdeabtrieb Anfang der dritten Woche. Die Landsmót, das große Islandpferdetreffen, findet alle zwei Jahre statt. Austragungsort im Jahr 2000 ist Reykjavík.

---

## MARCO POLO TIPS
## FÜR FESTE UND VERANSTALTUNGEN

**1 Menningarnótt**
Die Kulturnacht findet in Reykjavík im August statt. Veranstaltungen bis tief in die Nacht und zum Abschluß ein großes Feuerwerk (Seite 39)

**2 Unabhängigkeitstag**
Am 17. Juni 1944 erhielt Island die volle Unabhängigkeit von Dänemark. Das wird mit Umzügen und Straßenfesten gefeiert, am heftigsten natürlich in Reykjavík (Seite 38)

**3 Þjóðhátíð**
Drei lange Nächte und Tage mit Feuerwerk, fröhlichem Tanz und lautem Gesang am ersten August-Wochenende auf der Vestmannaeyjar-Insel Heimaey (Seite 38)

# Wasserfälle und Großstadtflair

*Die Gegend um die Hauptstadt Islands birgt viel Sehenswertes*

Fährt man wirklich nach Island, um Reykjavík zu sehen? Will man nicht wilde Gletscher erleben? Vulkane? Naturlandschaften? Aber unweigerlich wird man auch nach Reykjavík kommen, der Hauptstadt, die zwar eigentlich nur die Ausmaße einer größeren mitteleuropäischen Provinzstadt hat, sich aber ungeniert wie eine Millionenmetropole gibt und sich genauso anhört. Allenthalben wird gebaut, gehämmert und gebuddelt. Eine Stadt im Aufbruch. Keine Augenweide. Von Jahr zu Jahr scharen sich mehr Menschen um diese Bucht, die »Rauchbucht«, wie Reykjavík ins Deutsche übersetzt heißt. Die Stadt hat mehr Gewicht als ihr Umland, und zum Umland ist die ganze Insel zu rechnen. Reykjavík wächst im Boomtown-Tempo, Island dagegen wird immer leerer. Jedes Jahr ziehen durchschnittlich tausend Isländer aus anderen Landesteilen in den Großraum Reykjavík. Derzeit leben in der Hauptstadt über 106 000 Einwohner und in den umliegenden Gemeinden weitere 60 000. Das sind zusammen genommen immerhin mehr als sechzig Prozent der isländischen Bevölkerung. Gleich außerhalb Reykjavíks bietet die Landschaft alles, was die Insel so reizvoll macht: Geysir, den Urvater aller Springquellen, Þingvellir, die Geburtsstätte der isländischen Demokratie und heiße Quellen, in denen Sie baden können.

## REYKJAVÍK

☛ **Stadtplan in der hinteren Umschlagklappe**

**(113/D 5)** ★ Hauptstadt, dominierendes Zentrum, Islands Tor zur Welt. Innerhalb von 100 Jahren wuchs sie von einem kleinen Hafen zur Metropole heran, und anscheinend hat niemand daran gedacht, dieses Wachstum mit städtebaulichen Mitteln in den Griff zu bekommen. Dennoch, wer Island kennenlernen will, kommt um Reykjavík nicht herum. Ein Frankreich ohne Paris ist schwer vorstellbar, ebenso ein England ohne London. Und Is-

*Die 73 m hohe Hallgrímskirkja mit dem Leifur-Eiríksson-Denkmal*

land ohne seine Hauptstadt Reykjavík ist letzten Endes doch nur eine halbe Sache.

### Alþingishúsið (U/C 3)

Mitten im Zentrum der Hauptstadt, an der Kirkjustræti, wo einst der erste Siedler Ingólfur Arnarson sein Heu mähte, steht ein schlichtes graues Basaltgebäude. Es sieht wie eine alte Volksschule aus, war aber der Sitz des Parlaments, des Alþing. Hier wurden die isländischen Gesetze gemacht. *Kirkjustræti*

### Altstadt (U/B–C 3)

Reykjavíks Altstadt umfaßt das Gebiet zwischen Hafen und dem Stadtteich Tjörnin. Zu Zeiten des dänischen Handelsmonopols, von 1602 bis 1855, war im Hafen entschieden mehr los als heute, da allenfalls ein paar Kanonenboote der Küstenwache die rostgetönte Atmosphäre beleben. Die Hafenstraße, Hafnarstræti, war früher der wichtigste Handelsplatz in Island, aber im Zuge eines Hafenausbaus im 18. Jh. verlor sie den Anschluß an den Hafen. Heute werden hier in den Hafnarstræti-Touristenläden die islandtypischen Wollpullover, Tonwaren und Andenken verkauft.

### Elliðaár (O)

Islands berühmter Lachsfluß befindet sich in unmittelbarer Nähe der Hauptstadt. Man geht vom Zentrum aus eine Dreiviertelstunde zu Fuß oder nimmt die Buslinie 10. In den ersten Augusttagen kann man, bequem auf der grünen Wiese sitzend, zu-

---

## Hotel- und Restaurantpreise

### Hotels

Die isländischen Hotelkategorien haben Namen. Es gibt nur einige wenige Luxushotels im Lande (ab 300 Mark); Kategorie 1 sind ganzjährig geöffnete Hotels komplett mit Restaurants und Bars; Kategorie 2 entspricht den ganzjährig geöffneten Iceclass-Hotels und Kategorie 3 den Edda-Hotels. Diese sind als Hotels genutzte Schulgebäude; sie sind nur im Sommer geöffnet.
Die Preise für Doppelzimmer:
*Kategorie 1:* ab 200 Mark
*Kategorie 2:* 150 bis 200 Mark
*Kategorie 3:* bis 150 Mark
und besonders preiswerte Schlafsackunterkünfte.

### Restaurants

Von ganz wenigen Feinschmeckerlokalen abgesehen, sind die meisten Restaurants der gehobenen Klasse in Island keine selbständigen Betriebe, sondern an die großen Hotels angeschlossen. Zur zweiten Kategorie zählen Pizzerien und andere ausländische Lokale, Kategorie 3 hat Imbißstuben- bzw. Snackbarcharakter. Sie wird oft durch Buden an Tankstellen vertreten. Die Preise in Kategorie 1 verstehen sich für Vorspeise, Hauptgang und Dessert.
*Kategorie 1:* über 120 Mark
*Kategorie 2:* 50 bis 120 Mark
*Kategorie 3:* 20 bis 50 Mark

*Der See Tjörnin mit seiner Parkanlage bildet Reykjavíks Mittelpunkt*

schauen, wie die Fische flußaufwärts springen.

## Hallgrímskirkja (U/D 4)

Reykjavíks imponierendstes Bauwerk. Die Form soll Basaltsäulen symbolisieren. Der Turm ist 73 m hoch und gewährt den besten Rundblick über die Stadt. Mit dem Bau wurde 1945 begonnen, fertiggestellt wurde er erst 1988. Im Innenraum der Kirche beeindruckt die Orgel. Vor der Kirche steht das Leifur-Eiríksson-Denkmal, ein Geschenk der USA. Inschrift: »Son of Iceland, Discoverer of Vinland« (Amerika). *Tgl. 10–18 Uhr, Aufzug 200 ISK*

## Höfði (U/E 3)

Eins der schöneren Häuser Reykjavíks. Es steht an einer Meeresbucht gegenüber dem 909 m hohen Esja-Berg. Großartiges Panorama! Die Isländer sagen, daß es im Höfði-Haus spukt. Das Gebäude ist auch historisch interessant: 1986 kam es hier zum ersten amerikanisch-sowjetischen Gipfeltreffen zwischen Reagan und Gorbatschow.

## Perlan (U/D 6)

Auf den Heißwassertanks des 61 m hohen Hügels Öskjuhlíð gebaut, gilt die »Perle« als Symbol moderner isländischer Architektur. Restaurant, Aussichtskomplex, 1000 qm Wintergarten. *Tgl. 10–23 Uhr*

## Tjörnin (U/B–C 3–4)

Der Tjörnin (übersetzt: »Teich«) gilt vielen als das eigentliche Herz der Stadt. Die Bänke rund um das von allen erdenklichen Entenarten bevölkerten Gewässer machen sich Rentner und Liebespaare streitig, den schönen Park Hljómskálagarðurinn an seiner Südseite die Jogger und Biker.

### Volcano Show (U/C 4)

Zwei Stunden Film über Vulkanausbrüche und Inselgeburten werden hier geboten. Vilhjámur und Ósvaldur Knudsen haben 40 Jahre lang alles gesammelt, was sie zu diesem Thema finden konnten, und eine beeindruckende Show zusammengestellt. *Sept.–Juni tgl. 15 und 20 Uhr auf Englisch, Juli und Aug. auf Englisch um 10, 15 und 20 Uhr, Kopfhörer mit deutscher Übersetzung erhältlich. Eintritt 850 ISK, Kinder 200 ISK, Studenten 700 ISK. Hellusund 6 a, www.volcanoshow.is*

## MUSEEN

Die wichtigsten Museen Reykjavíks werden von *Museumsbus* angefahren. Der Bus fährt in der Zeit vom *20. Juni bis 31. Aug. tgl. außer Mo von der Busstation Lækjargata. Abfahrtszeiten: 13, 14, 15 und 16 Uhr*

### Árbærsafn (O)

Freilichtmuseum am östlichen Stadtrand. Auf 12,5 ha Land werden Gebäude aus Islands Vergangenheit gezeigt, die in den fünfziger Jahren aus den verschiedenen Teilen Islands hierher transportiert wurden. Sehenswert. *Anfang Juni bis 31. Aug. Di–Fr 9–17, Sa und So 10–18, Mo 11–16 Uhr (nur Teile des Museums geöffnet).* Am Wochenende finden den oft Vorführungen statt. *Eintritt 300 ISK*

### Kjarvalsstaðir (U/E 5)

Städtisches Kunstmuseum. Jóhannes Kjarval, geboren 1885, war als Maler eine überaus populäre Persönlichkeit in Island. Er begann als Heringsfischer und lebte später in London und Kopenhagen. *Flókagata, 10–18 Uhr, Eintritt 300 ISK*

### Nordisches Haus (U/B 5)

Kulturelles Zentrum für skandinavische Ausstellungen, Literatur, Musik und Filme. Geschaffen vom finnischen Stararchitekten Alvar Aalto. *Hringbraut, Ausstellungen sind geöffnet 4. Juli–31. Aug. tgl. außer Mo 13–18 Uhr, sonst 14–18 Uhr, Eintritt für die Ausstellungen 200–300 ISK*

### Numismatisches Museum (U/E 4)

Ein Vergnügen für Münzsammler. *Einholt 4, Mo–Fr 9–17 Uhr und nach Absprache, Eintritt frei*

### Þjóðminjasafn Íslands (U/B 4)

Wer sich für die Anfänge Islands, für die Kultur der Wikinger, für alte Waffen und Schiffe interessiert – für den ist der Besuch des Nationalmuseums im Universitätsviertel Pflicht. *Suðurgata 41, (bis zum Jahr 2000 geschlossen).*

## RESTAURANTS/EISCAFÉ

### Álfheimar Ísbuðinn (O)

Beliebte Eisbude mit köstlichem Eis. 40 verschiedene Toppings stehen zur Auswahl. *Álfheimar*

### Blómasalur (U/C 6)

Eines der besten Restaurants. *Im Hotel Loftleiðir am Flugplatz, Tel. 505 09 25, Kategorie 1*

### Hard Rock Café (U/F 6)

Das Café ist sowohl Treffpunkt als auch Museum und Restaurant. *Kringlan 8–12, Tel. 568 98 88, Kategorie 2*

### Holt (U/C 4)

Sehr gutes Restaurant, das besonders für seine Fischgerichte bekannt ist. *Bergstaðastræti 37, Tel. 552 57 00, Kategorie 1*

### Jónatan Livingstone Mávur (U/B 3)

Gute Fischgerichte, erträgliche Preise. Das am Hafen gelegene Restaurant wird gern besucht. *Tryggvagata 4–6, Tel. 551 55 20, Kategorie 2*

### Naust (U/B 3)

Es gilt als das älteste Restaurant in Island. Man sitzt wie in einem Fischerboot und bekommt ausschließlich Fisch serviert. Und der ist wirklich gut. *Vesturgata 6, Tel. 551 77 59, Kategorie 1*

### Potturinn og pannan (U/E 4)

Beliebtes Restaurant mit guten isländischen Fisch- und Lammfleischgerichten. Angenehme Einrichtung, freundliche Bedienung. *Brautarholt, Tel. 551 16 90, Kategorie 2*

### Salatbarinn (U/C 3)

Gute und preiswerte Salate sowie Vegetarisches vom Büfett incl. Getränke. *Pósthusstraeti 13, Kategorie 3*

## HOTELS

### Baldursbrá (U/C 4)

Günstiges Gästehaus im Zentrum unter der Leitung einer deutsch-isländischen Familie. *8 Zi., Laufásvegur 41, Tel. 552 66 46, Fax 562 66 47, heijfjs@ centrum.is, Kategorie 3*

### Fosshótel City (U/B 3)

Kleines Hotel im Zentrum nahe dem Hafen, *31 Zi.,Ránargata 4 a, Tel. 511 11 55, Fax 552 90 40, holt @centrum.is, Kategorie 2*

### Fosshótel Lind (U/E 4)

Innen ist dieses Hotel schöner als außen. Behindertengerecht. *44 Zi., Rauðarárstigur 18, Tel. 562 33 50, Fax 562 33 51, Kategorie 2*

---

# MARCO POLO TIPS
# FÜR REYKJAVÍK UND UMGEBUNG

**1 Reykjavík**
Die nördlichste Hauptstadt der Welt liegt über dem 64. Breitengrad – und hat ihren eigenen Charme (Seite 41)

**2 Gullfoss**
Der »goldene Wasserfall« donnert in zwei Stufen in die Tiefe (Seite 50)

**3 Þingvellir**
Alte Parlamentsstätte in einer Lavaebene (Seite 50)

**4 Geysir**
Der Urahn aller Springquellen sprudelte mehr als 600 Jahre lang – heute ziehen auch die kleineren Geysire und Quellen der Umgebung Besucher an (Seite 49)

### Hótel Borg (U/C 3)

Dies ist ein klassisches und traditionsreiches Grandhotel. *50 Zi., Pósthússtræti 11, Tel. 551 14 40, Fax 551 14 20, hotelborg@centrum.is, Kategorie 1*

### Hótel Esja (O)

Moderne Spitzenklasse, ca. zwei Kilometer östlich vom Zentrum im Stadtteil Laugardalur. Die oberen Zimmer bieten einen schönen Blick auf die Bucht von Reykjavík. Behindertengerecht. *152 Zi., Suðurlandsbraut 2, Tel. 505 09 50, Fax 505 09 55, Kategorie 1*

### Hótel Loftleiðir (U/C 6)

Luxushotel mit 220 Zimmern am Stadtflughafen (Inlandsflüge); von hier fährt der Fly-Bus nach Keflavík. Behindertengerecht. *Tel. 505 09 00, Fax 505 09 05, Kategorie 1*

### Hótel Oðinsvé (U/C 4)

Modern, zentral gelegen mit einem guten Restaurant. *40 Zi., Þórsgata 1, Tel. 552 56 40, Fax 552 96 13, Kategorie 1*

### Hótel Saga (U/B 4)

Großes Luxushotel nahe der Universität. Die isländische Regierung pflegt hier ihre Staatsgäste unterzubringen. Behindertengerecht. *216 Zi., v/Hagatorg, Tel. 552 99 00, Fax 562 39 80, hotelsaga@hotelsaga.is, Kategorie 1*

SPIEL UND SPORT

### Bowling (U/D 6)

Keilusalurinn Öskjuhlíð heißt das Bowling-Zentrum nahe dem Hotel Loftleiðir am Stadtflughafen. *Tgl. 12–0.30 Uhr, Tel. 562 15 99*

### Veggsport (U/B 2)

⚹ Sportzentrum für alle Arten von Fitneß, insbesondere für Squash und Badminton. *Seljavegur 2, Tel. 551 90 11*

AM ABEND

### Gaukur á Stöng (U/C 3)

Jeden Abend isländische Live-Musik. *Tryggvagata 22, Tel. 551 15 56*

### Glaumbar (U/C 3)

Nachtbar. *Tryggvagata 20, Tel. 562 68 50*

### Hótel Ísland (O)

⚹ Islands größte Disko, *der* Jugendtreff. *Ármúli 9, Tel. 568 71 11*

### Tunglið (U/C 3)

⚹ Große Disko mit jungem Publikum. *Lækjargata 4*

AUSKUNFT

### Tourist Information Centre (U/C 3)

*Bankastræti 2, Tel. 562 30 45, Fax 562 30 57, Juni–Aug. Mo–Fr 8.30 bis 18, Sa 8.30–14, So 10–14 Uhr; Sept.–Mai Mo–Fr 9–17, Sa 10 bis 14 Uhr*

ZIELE IN DER UMGEBUNG

### Bessastaðir (113/D 5)

Die Residenz des Staatspräsidenten liegt auf der Halbinsel Álftanes. Das 1763 erbaute Haus ist eines der ersten Steingebäude Islands. Kein Rundgang, nur Außenbesichtigung.

### Hafnarfjörður (113/D 5)

❖ Der schönste Vorort Reykjavíks und von der äußeren Erscheinung her interessanter als die Hauptstadt. Seine Pluspunkte: Schöner Hafen, alte

Häuser, Ruinen einer alten Kapelle sowie die Statue für die heilige Barbara. Hafnarfjörður wurde auf einem erkalteten Lavastrom erbaut, der sich hier vor ungefähr 7000 Jahren ins Meer ergoß. Es gibt ein Museum für Postgeschichte *(Austurgata 11)* und ein sehr interessantes Seefahrtsmuseum *(Vesturgata 8, Eintritt 200 ISK)*. Unterkunft bietet das Hotel *Gistiheimilið Berg, Baejarhraun 4, Tel. 565 22 20, Fax 565 45 20, Kategorie 2.*

## Kópavogur (113/D 5)

Der östliche Vorort Reykjavíks ist mit 17 200 Ew. Islands zweitgrößte Gemeinde. Sehenswert ist die Kirche auf einem kleinen Hügel: Sie wirkt mehr wie ein Opern- als wie ein Gotteshaus. Die Glasarbeiten im Innern stammen von der Künstlerin Gerdur Helgadóttir. Sie zeigen das menschliche Leben als den Fortgang eines Tages von Sonnenaufgang bis Sonnenuntergang.

## Lundey (O)

Vogelinsel. Die einzige Möglichkeit, in der Nähe von Reykjavík die possierlichen Papageientaucher zu beobachten. Überfahrten dauern zwei Stunden. Abfahrt am Sundahöfn Fährdock, 17 Uhr. Auskünfte: *Travel City Ferðabær, Aðalstræti 2, Tel. 562 30 20*

## GRINDAVÍK

**(112/C 6)** Der freundliche Fischerort (2150 Ew.) liegt an einer wildromantischen Küstenlinie. Die Svartsengi-Therme versorgt Grindavík mit Heizkraft und warmem Wasser.

### BESICHTIGUNG

**Blaue Lagune**
Die *bláa lonið* – die heiße Lake des Kraftwerkes Svartsengi wird in ein Lavafeld geleitet: Das mineralhaltige Wasser hat hier ein Becken geschaffen, in dem man bei rund 38 Grad baden kann.

*Entspannung pur bei bestem Service: ein Bad in der Blauen Lagune*

Wissenschaftliche Untersuchungen haben eine heilende Wirkung des Wassers unter anderem bei Schuppenflechte bestätigt. Kuren sind in der direkt an der Lagune gelegenen Kurklinik möglich. *Tel. 426 88 00, Fax 426 88 88, www.blueLagoon.is, Eintritt 300 ISK*

## RESTAURANT

### Sjómannastofan Vör

◉ Recht derbe Atmosphäre, sehr populär bei den Fischern, Hausmannskost. *Hafnargata 9, Tel. 426 85 70, Kategorie 3*

## ZIEL IN DER UMGEBUNG

### Krísuvík          (113/D 6)

Großes Thermalgebiet, in dem früher Schwefel abgebaut wurde. Markierte Wege führen an zahlreichen Solfataren, Schlamm- und heißen Quellen vorbei.

## KEFLAVÍK

(112/C 5) Dank des internationalen Flughafens ist Keflavík bekannter, als es dieser unattraktive 7500-Einwohner-Ort eigentlich verdient. Der 14 000 qm große, moderne Leifur-Eiríksson-Flughafen wurde 1987 eingeweiht.

Schon in der Vergangenheit war Keflavík ein beliebter Anlauf- und Handelsort für Islandreisende. Um 1600 erlangten die Dänen das Handelsmonopol und machten Keflavík zu einem bedeutenden Zentrum.

## RESTAURANT

### Mamma Mia

Italienische Küche. *Hringbraut 92 c, Tel. 421 15 44, Kategorie 3*

## ÜBERNACHTUNG

### Flug-Hótel Keflavík

Bestes und teuerstes Hotel am Ort. *39 Zi., Hafnargötu 57, Tel. 421 52 22, Fax 421 52 23, hotelfl @ok.is, Kategorie 1*

### Hótel Keflavík

Gepflegtes Haus mit allem Komfort. *60 Zi., Vatnsnesvegur 12, Tel. 420 07 00, Fax 420 70 02, Kategorie 2*

### Gistiheimilið Kristína

Außerhalb in Njarðvík gelegen, mit Fahrradverleih. *Holtsgata 49, Tel. 421 56 22, Fax 421 58 87, Kategorie 3*

### Keflavík Camping

Campingplatz mit morgendlichem Transfer zum Flughafen.

## LAUGARVATN

(114/A 3) Beliebtes Ausflugsziel der Hauptstädter. Man kampiert und grillt am See, oder man treibt Wassersport und genießt die warmen Quellen der Umgebung. Eine dieser Quellen, Vígðalaug, diente der Überlieferung zufolge den ersten isländischen Christen als Taufbecken.

## RESTAURANT

### Lindin

Restaurant-Pizzeria in schöner Lage am Ufer. *Tel. 486 12 62, Kategorie 2*

## HOTELS

### Edda-Hotels

Die Hotels *Húsmæðraskóli (27 Zi., Tel. 486 11 54, Fax 505 05 22)* und *Menntaskóli (100 Zi., Tel. 486 11 18,*

*Fax 505 05 22),* beide Kategorie 3, haben auch Restaurants (nur im Sommer).

### Pferdeverleih und Reittouren

*Bauernhof Efstidalur, Tel. 486 1186,* und *Is-Hestar* auf dem Hof Mi-ðalur, *Tel. 486 1169. Beide Höfe liegen nordöstlich des Laugarvatn an der Straße 37.*

### Geysir                    (114/A 2)

★ Alle Springquellen der Welt sind nach diesem, dem »Großen Geysir« im Haukadalur benannt, der seine Tätigkeit im frühen 14. Jh. aufnahm und sie von sich aus wohl bis heute nicht eingestellt hätte, wenn es nicht schon zu Beginn des 20. Jhs. große Mode gewesen wäre, tonnenweise Steine und zahllose persönliche Kleinigkeiten hinein zu werfen. Man versuchte, den Wasserspiegel künstlich zu senken, was den Geysir für kurze Zeit noch mal 60 m hoch aufschießen ließ, ehe er gänzlich verstummte. Gänzlich? Jedes Jahr am Bankfeiertag mußte er wieder ran, der Geysir. Seit 1992 wird aus Umweltschutzgründen auf dieses Spektakel verzichtet, zumal jede Menge Seifenpulver vonnöten war, um die Oberflächenspannung zu verringern. Je kälter es ist, desto dynamischer treibt es das aufwärts drängende Warmwasser aus dem Boden. Glücklicherweise tut gleich nebenan eine ungemein zuverlässige Springquelle ihren Dienst, *Strokkur* mit Namen (übersetzt Butterfaß), die alle 5–10 Minuten eine 20 m hohe Fontäne abläßt. Unterkunft in Geysir: *Hótel*

*Geheimnisvolle Tiefen: Der Geysir Strokkur im Ruhezustand*

*Geysir* ist ein kleines Mittelklassehotel, das direkt am Geothermalgebiet liegt. Von einigen Zimmern aus kann man die regelmäßigen Fontänenausbrüche der Springquelle Strokkur gut beobachten. *Tel. 486 89 15, Kategorie 2*

## Gullfoss (114/B 2)

★ Wohl der schönste Wasserfall Islands. Die Hvítá stürzt in zwei Stufen 32 m tief in einem 2,5 km langen Cañon. Bei Sonnenschein steht nachmittags ein Regenbogen über dem Gullfoss (Goldfall). Vor einigen Jahrzehnten hatte ein Engländer das gesamte Gelände vom Bauern Tómas Tómasson erwerben wollen, um ein Kraftwerk zu errichten, doch stritt Sigríður Tómasdóttir, Tómassons Tochter, so beharrlich gegen den Deal an, daß er letzten Endes platzte. Heute hat man ihr am Gullfoss ein Denkmal errichtet.

Unterkunft am Gullfoss: Es gibt ihn noch, den Tómasson-Bauernhof. Er heißt *Brattholt, Tel. 486 89 41, Kategorie 3.*

## Þingvellir (113/E–F 4)

★ Die Ebenen der Volksversammlung, so die wörtliche Übersetzung von Þingvellir, sind so etwas wie die einst verlorene und erst im 20. Jh. wiedergefundene Seele Islands. Hier war der Sitz des alten Alþing, der höchsten richterlichen und gesetzgebenden Versammlung, die von 930 bis zum Ende des 18. Jhs. (mit Unterbrechungen) unter freiem Himmel tagte. Der Lögberg (Gesetzesfelsen), von dem aus die Gesetze verkündet wurden, steht unversehrt in alter Würde. Die Þingvellir sind im Grunde eine einzige große Lavaebene mit einem Fluß (Öxará), einem Teich (Drekkingarhylur, wo einst die Gesetzesbrecherinnen ertränkt wurden) und einer tiefen Schlucht, der Almannagjá. Der mit 82 qkm größte See Islands, der Þingvallavatn, liegt ganz in der Nähe. Die Þingvellir liegen nur 52 km nordöstlich von Reykjavík, das im Jahre 930 aus nichts als einem Bauernhof bestand. Die Þingvellir selbst waren unbesiedelt und sind es heute noch. Der Charakter der Landschaft hat sich seit der Wikingerzeit nicht gewandelt. Gewaltige Lavaflächen umgeben den Thingplatz, unendlich ist die Vielfalt der Lavaformationen, bedeckt mit niedrigem Gehölz und leuchtenden Blumen. Gezackte Berge umringen die Ebene, darunter der alte Vulkan Skjaldbreiður, der vor 8000 Jahren die Lavamengen verströmte. Von Wind und Wetter wurden sie in jahrtausendelanger Kleinarbeit zerfurcht und zernagt, und es gibt eigentlich keinen Grund für die Annahme, die Menschen der Wikingerzeit seien blind für solche bisweilen wild, bisweilen harmonisch anmutende Schönheit gewesen. Sie werden die Würde der Landschaft nicht anders empfunden haben als wir, auch wenn es, was die Auswahl des Ortes als Thingstätte angeht, eine Reihe handfesterer Gründe gegeben hat. Erstens: Dies war ein idealer Standort, weil er von allen Siedlungen des Südwestens (schon damals der belebteste Teil Islands) gleich gut erreichbar war. Zweitens: Das Land war Gemeinbesitz, stand also allen zur Verfügung. Drittens: Þing-

*Die Þingvellir-Region ist der älteste Nationalpark Islands*

vellir war groß genug. Die Pferde konnten grasen und trinken, die Menschen konnten Forellen fangen und sich ungestört in der Ebene verteilen, was bei den sich stets über zwei Juniwochen hinziehenden Staatsgeschäften und Gerichtsverhandlungen von Vorteil war. Viertens: Die Akustik war (und ist) hervorragend. Vom Gesetzesberg aus kann man auch das normal gesprochene Wort weithin hören.

Nach dem Untergang des alten Freistaates (1264) wurden die Thingverhandlungen zwar fortgesetzt, aber jetzt waren es die Beauftragten fremder Könige, zuerst Norwegens, dann Dänemarks, die das Sagen hatten. Aber es dauerte bis zum Ende des 18. Jhs. ehe das Alþing, nach einer Zeit der Vulkankatastrophen und Hungersnöte, aufge-

löst wurde. Die Ebenen gerieten in Vergessenheit. Dann kam das Jahr 1874. Island gedachte der tausendsten Wiederkehr des Jahres, da die ersten Landnehmer auf die Insel gekommen waren. Man erinnerte sich der Thingebenen, dort fand die größte Feier statt. Und als Island im Jahr 1944 wieder selbständige Republik wurde, verstand es sich fast von selbst, daß dieser Staat auf Þingvellir ausgerufen wurde, von einem Sprecher oben auf dem Lögberg.

Unterkunft in Þingvellir: Gegenüber der Þingvellir-Kirche, auf der anderen Seite des Öxará, befindet sich das recht komfortable *Hótel Valhöll (Tel. 482 26 22, Fax 482 36 22)* mit Restaurant, *Kategorie 2.* Ansonsten gibt es in den Þingvellir (Nationalpark seit 1927) mehrere Campingplätze.

# Weideland, Wasser, Gletscher und Vulkane

*Zwischen Selfoss und Kirkjubærjarklaustur
warten viele Überraschungen auf den Besucher*

**Z**auberhafte Täler, mächtige Gletscher und Vogelfelsen, die vor lauter Tierleben bersten – der abwechslungsreiche Süden Islands zieht Jahr für Jahr die Touristen aufs Neue in seinen Bann. Das fast 1500 m hohe Hekla-Massiv ist der wohl berühmteste Vulkan der Insel. Nördlich davon zieht sich der Weg nach Landmannalaugar mit den farbenprächtigen Bergen hin. Auf der Ringstraße mit Blick auf das Meer kann man mit etwas Glück Wale sehen; und immer wieder trifft man auf Wasserfälle wie den Seljalandsfoss oder auf Gletscher wie den Mýrdalsjökull.

## HVOLSVÖLLUR

**(114/A 5)** Ein kleines und eigentlich unbedeutendes landwirtschaftliches Zentrum mit 700 Ew., das aber mit den Jahren zu

*Schauer unterm Wasserfall.
Ein Pfad führt
um den Seljalandsfoss herum*

einem Pflichtstopp für alle Busreisenden auf dem Weg nach Þórsmörk und die umliegenden Gletscher geworden ist. Pferdetouren, Busrundfahrten und Touren im Geländewagen können bei *Söguhestar* arrangiert werden. *Midhus, Landstraße 262, Tel. 487 81 33*

### RESTAURANT

**Hlíðarendi**
Häufig sind in Island an Tankstellen auch Restaurants angeschlossen. So auch hier. Die Speisekarte bietet eine kleine Auswahl an Angeboten. Außerdem gibt es hier eine Touristeninformation. *Kategorie 2*

### HOTEL

**Hótel Hvolsvöllur**
Preiswertes Hotel mit kleinem Restaurant, in dem auch Touristenmenüs angeboten werden. Das Hotel gehört zur Edda-Gruppe. *28 Zi., Hlíðarvegur 7, Tel. 487 81 87, Fax 487 83 91, Kategorie 3*

53

## Hekla (114/B 4)

Der Vulkanberg ist 1491 m hoch. Am einfachsten ist er über die Nordflanke zu besteigen. Doch Vorsicht: Hekla (die »Kapuzenträgerin«) ist stets zu einem Überraschungsausbruch aufgelegt, auch wenn Vulkanologen behaupten, sie könnten das inzwischen einigermaßen verläßlich voraussagen.

## Landmannalaugar (114/C 4)

★ Der Höhepunkt einer Islandreise: Schöne Trekkingrouten in einer bezaubernden Landschaft mit zahlreichen heißen Quellen. Ein aufgestauter warmer Bach lädt zum Baden ein. Landmannalaugar ist von farbenprächtigen Liparitberghängen umgeben. Es ist Ausgangspunkt für einen Trek, auf dem man in 3–4 Tagen nach Þórsmörk wandern kann. Da die am Trek liegenden Wanderhütten während der Hauptsaison oft belegt sind, ist die Mitnahme eines Zeltes ratsam. *Unterkunft in Landmannalaugar in der Hütte von Ferðafélag íslands (Verpflegung muß mitgebracht werden).*

## Oddi (114/A 4)

Der Name bedeutet »Dreieck«, weil Oddi im Mündungswinkel der Flüsse Þverá und Ytri-Rangá liegt. Man sieht es dem kleinen Gehöft und der noch kleineren Kirche nicht an, daß hier literarische Weltgeschichte geschrieben und zuweilen auch große isländische Geschichte gemacht wurde. In Oddi gab's im Mittelalter einen berühmten Priestersitz, aus dessen Schule nicht weniger als sechs Bischöfe hervorgingen. Hier wurden sowohl die ältere als die sogenannte Prosa-Edda geschrieben, ja, man nimmt sogar an, Edda sei nur eine Verballhornung des Namens Oddi. In der Kirche kann man sich einige wenige kleine Relikte aus der literarischen Ära Islands um 1300 anschauen.

## Seljalandsfoss (114/B 5)

60 m hoher Wasserfall nahe der Ringstraße an der Straße Nr. 249. Der Wasserfall kann auf einem Pfad umrundet werden. Allerdings sollte dies nur mit Regenkleidung unternommen werden, da häufig Gischt vom Wind über den Weg geweht wird.

## Steinholtsjökull (114/B 5)

Das ist eine beeindruckende Zunge des Eyjafjallajökulls, der einen kleinen Teich bildet, aus dem der Fluß Stakksholtsá abfließt. Der Fluß bildet eine großartige, 100 m tiefe Schlucht, die Stakksholtsgjá. Am Ende der Schlucht befindet sich in einer Höhle ein pittoresker Wasserfall.

# MARCO POLO TIPS FÜR DEN SÜDEN

**1** Landmannalaugar
Warme Quellen laden zum Baden ein – inmitten einer Landschaft wie gemalt (Seite 54)

**2** Þorsmörk
Grüne Täler und bizarre Felsen, umgeben von drei Gletschern (Seite 55)

### Þórsmörk (114/C 5)

★ Vielleicht das schönste Fleckchen Islands, im Hochsommer allerdings auch entsprechend überlaufen. Zwei Bilder drängen sich auf. Das erste: Man fühlt sich hier – im grünen Tal und von drei Gletschern umgeben – in die Frühzeit der Erdgeschichte zurückversetzt. Das zweite: Man befindet sich in der Antarktis, nur daß hier wie durch ein Wunder bunte, kleine Blumen blühen! Was derlei Vorstellungen ein wenig stört, sind die vielen Geländewagen und Busse. Þórsmörk ist der ideale Ausgangspunkt für ein eintägiges Trekking nach Süden Richtung Skógar (114/C 6). Auf dem Weg in die Þórsmörk hält der Reisebus an der Gletscherzunge des Gigjökull. Der Fluß bildet hier einen See, auf dem viele Eisberge im Kleinformat schwimmen. Wer mit dem eigenen Auto unterwegs ist, nimmt ab Ringstraße zunächst die Route 249, dann die F 249 Richtung Þórsmörk; wenn sich diese nach ca. 18 km gabelt, rechts halten!

Unterkunft in Þórsmörk: Für Übernachtungen gibt es mehrere Campingplätze und zwei Wanderhütten. Melden Sie Ihren Wunsch, in einer Wanderhütte übernachten zu wollen, frühzeitig an. Ansonsten sind sie recht schnell von Reisegruppen belegt. *Auskunft: Ferðafélag, Mörkin 6, Tel. 568 25 33* und *Útivist, Tel. 561 43 30, Fax 561 46 06, utivist@centrum.is*

## SELFOSS

(113/F 6) Mit 4300 Ew. die größte Stadt in Südisland. Hier gibt es viele grüne Weiden. Die Bauern sind im Vergleich mit anderen Regionen Islands sehr reich. Die Milchwirtschaft ist ihre hauptsächliche Erwerbsquelle.

### RESTAURANTS

**Fossnesti**

Kleines Lokal, in der Busstation gelegen. *Austurvegur 46, Tel. 482 12 66, Kategorie 3*

**Pizza 67**

Filiale der bekannten isländischen Kette; auch Lieferservice. *Tryggvagata 40, Tel. 755 67 67*

### HOTEL

**Hótel Selfoss**

Moderne Einrichtung, guter und freundlicher Service. *Eyrarvegi 2, Tel. 482 25 00, Fax 482 25 24, Kategorie 1*

## VESTMANNAEYJAR

(114/A–B 6) Im Gegensatz zum übrigen Island standen die Vestmannaeyjar- bzw. »Westmänner«-Inseln wiederholt im Blickpunkt des Weltgeschehens: 1963, als ein untermeerischer Vulkan ausbrach und die Insel Surtsey bildete (der Vorgang dauerte bis 1967), und dann wieder am 23. Januar 1973, als auf der Hauptinsel Heimaey der Vulkan Eldfell ausbrach – für die Fernsehkameras aus aller Welt ein faszinierendes Spektakel. Die 5300 Bewohner der Insel wurden evakuiert. Allerdings wäre die Zeit der Besiedlung von Heimaey beinahe beendet gewesen, denn der Lavastrom drohte die Hafeneinfahrt zu blockieren. Erst durch den Einsatz großer Wasserpumpen gelang es, den Lavastrom abzukühlen und damit zu stoppen. So blieb Heimaey das bedeutendste Fischereizentrum Islands. Die übrigen 15 Vestmannaeyjar-Inseln sind unbewohnt. Die Anreise mit der Fähre von Þorlákshöfn (**113/E6**) dauert knapp drei Stunden. Die Fahrt kostet 1300 ISK pro Person. *Fährinfo: Tel. 483 34 13, Zubringerbus ab Reykjavík*

**BESICHTIGUNGEN**

### Bootsfahrt um die Insel

Bei einer Bootstour um die Insel Heimaey hat man schöne Ausblicke auf die dichtbesiedelten Vogelfelsen. Bei einer Fahrt in eine der zahlreichen Höhlen spielt der Fremdenführer oft auf einem Instrument, um die grandiose Akustik zu verdeutlichen. *Auskunft: Ferðaþjónusta Vestmannaeyja, Herjólfsgata 4, Tel. 481 15 15*

### Keiko

Eine neue Attraktion ist der Schwertwal Keiko (bekannt geworden durch den amerikanischen Spielfilm »Free Willy«) der hier in der Bucht Klettsvík auf seine Auswilderung vorbereitet wird.

### Volcano Show

Besteht aus zwei Filmen. Der erste erzählt die Geschichte von einem Fischer, der erst im kalten Meer schwamm und dann barfuß über spitze Lava lief, nachdem sein Boot gesunken war. Der zweite zeigt die Rettung der Einwohner von Heimaey 1973 nach dem Eldfell-Ausbruch und die Renovierung der Häuser. *15.–31. Mai und 1.–30 Sept. tgl. 14 Uhr, Juni bis Aug. tgl. 14 und 16 Uhr*

**MUSEUM**

### Naturkundemuseum

Aquarium und Naturkundemuseum mit einer interessanten Fisch- und einer noch interessanteren Gesteinssammlung. *1. Mai bis 15. Sept. tgl. 11–17 Uhr, 16. Sept. bis 30. April Sa und So 15–17 Uhr, Heiðarvegur 12*

**RESTAURANTS**

### Hertoginn

Ansprechendes Restaurant im Hotel Þórshamar. Freundliche Bedienung. *Vestmannabraut 28, Tel. 481 33 17, Kategorie 2*

### Lanterna

◈ Gemütliche Atmosphäre. Viele einheimische Besucher. *Bárustígur 11, Tel. 481 33 93, Kategorie 3*

### Pizza 67

Pizzeria, bietet auch einen Lieferservice. *Heiðarvegur 5, Tel. 481 15 67, Mo–Fr 11–1, Sa und So 11–3 Uhr, Lieferservice am Wochenende bis 5 Uhr, Kategorie 2*

**HOTELS**

### Hótel Bræðraborg

Freundlich anmutendes Hotel mit 29 Zimmern; auch Restaurant. *Herjolfsgata 4, Tel. 481 15 15, Fax 481 20 07, Kategorie 1*

### Hótel Þórshamar

Modernes, gut eingerichtetes Hotel. Fahrradverleih. *18 Zi., Vestmannabraut 28, Tel. 481 29 00, Fax 481 16 96, Kategorie 1*

**AUSKUNFT**

### Tourist Info

*Vestmannabraut 38, Tel. 481 15 72*

## VÍK Í MÝRDAL

(**114/C 6**) Einerseits der regenreichste Ort in einer ohnehin schon regenreichen Region, andererseits ein ausgemacht hübsches Fleckchen Erde. Hier gibt es lange und breite Sandstrände. 340 Ew.

### ÜBERNACHTUNG

#### Gistihúsið Höfðabrekka
Farmunterkunft und Schlafsackunterkunft. Einer Geschichte der Bewohner zufolge geht hier das Gespenst der Höfðubrekkujóka um, einer früheren Bauersfrau, die den Knecht erschrecken wollte, der ihre Tochter geschwängert hatte. *5 km östlich von Vík, Tel. 487 12 08, Fax 487 12 18, Kategorie 3*

#### Hótel Vík
Ein einfaches Hotel. *Klettsvegur, Tel. 487 14 80, Fax 487 14 18, Kategorie 3*

### ZIELE IN DER UMGEBUNG

#### Dyrhólaey (114/C 6)
Südlichster Festlandpunkt Islands. 120 m hohes, markantes Felsentor an der Küste sowie Vogelschutzgebiet. Hier kann man wunderbar Papageientaucher beobachten.

#### Kerlingardalur (114/C 6)
Das »Hexental«. Liegt in den grünen Hügeln oberhalb von Vík. Gut zum Wandern, gut für Trekkingtouren.

#### Mýrdalsjökull (114–115/C–D 5)
Mit 700 qkm Umfang ist der Mýrdalsjökull der viertgrößte Gletscher Islands. Seine Eiskappe ist an einigen Stellen über 1000 m dick. Der aufregendste Teil am Mýrdalsjökull ist der Vulkan Katla, dessen Ausbrüche die Bauern in und um Vík immer wieder zur Aufgabe oder Verlegung ihrer Gehöfte zwang. Der erste Ausbruch wurde im Jahr 894 registriert, seither überschwemmt die Katla im Durchschnitt alle 70 Jahre ihre Umgebung. Die Ausbrüche der Katla verursachen dann gigantische Gletscherläufe, bei denen dann eine bis zu 70 m hohe Wasserwand zu Tal stürzt. Die letzte Eruption war 1918. Mit anderen Worten: Der Vulkan unterm Gletschereis ist wieder einmal fällig.

#### Reynisdrangar (114/C 6)
Die auffälligen Felsen vor der Küste sind das Wahrzeichen von Vík. Bootstouren mit dem Amphibienfahrzeug zu den Reynisdrangar und nach Dyrhólaey werden angeboten. Ab der Esso-Tankstelle, *Tel. 487 13 34, Preis 2500 ISK*

#### Skógar (114/C 6)
Diese kleine Siedlung hat gleich zwei Sehenswürdigkeiten zu bieten. Das *Heimatmuseum* gehört zu den schönsten des Landes, und besonders zu empfehlen ist eine Führung mit dem Gründer, þórður Tómasson, einem richtigen Original *(tgl. 9–19 Uhr, Eintritt 200 ISK)*. Die zweite Attraktion ist der ca. 25 m breite und 60 m hohe Wasserfall *Skógafoss*. Er gilt als einer der schönsten Wasserfälle Islands und ist ein beliebtes Fotomotiv. Unterkunft bietet das *Hótel Edda, Skógar, 34 Zi., Tel. 487 88 70, Fax 505 05 22, nur im Sommer*

# Nordische Wildnis

*Egilsstaðir ist das Zentrum des Ostens*

Im Westen der Insel bebt die Erde, läßt Wasser sprudeln und speit Feuer. Im Osten, in sicherer Entfernung zu den tektonischen Turbulenzen unterhalb der Erdkruste, ist von alledem nichts zu merken. Man lebt hier in einer alten, geologisch stabilisierten Gegend. Es regnet längst nicht soviel wie im Süden oder Westen. Aber auch wenn die Sonne scheint: Der Osten Islands bleibt kalt, sogar im Sommer. Wer mit dem Fährschiff nach Seyðisfjörður kommt, wird beeindruckt sein von der zerklüfteten Küstenlinie der Fjorde und den vielen schneebedeckten Gipfeln. Die Hauptstadt dieser Region heißt Egilsstaðir.

## EGILSSTAÐIR

**(11/E 6)** Für Reisende, die mit der Norröna nach Island kommen, ist Egilsstaðir (1650 Ew.) Startpunkt ihrer Islandrundreise. Sie sollten in diesem Handelszentrum des Ostens ihre Vorräte auffüllen, denn die Preise sind niedriger und die Auswahl ist größer als im Umkreis von 200 km. Zwischen Mitte Juni und

*Seyðisfjörður ist das östliche Einfallstor nach Island*

Ende August findet das »Fest im Osten« mit vielen Kulturveranstaltungen statt.

### ÜBERNACHTUNG

**Hótel Edda Menntaskóli**
Gut ausgestattet, auch Schlafsackunterkunft. *48 Zi., Tel. 471 27 75, Fax 505 05 22, v/Tjarnarbraut, Kategorie 3*

**Hótel Hérað**
Modernes Hotel mit gutem Service, behindertengerecht. *36 Zi., Miðvangur 5, Tel. 471 15 00, Fax 471 15 01, Kategorie 1*

**Skipalækur**
Übernachtung auf dem Bauernhof, außerdem fünf Ferienhäuser und Schlafsackunterkunft. Gleich gegenüber der Egilsstaðir-Brücke. *Tel. 471 13 24, Kategorie 3*

### AM ABEND

**Freilichtbühne Egilsstaðaskógur**
Im Sommer werden mittwochs um 20.30 Uhr alte Tänze und Lieder aufgeführt.

### AUSKUNFT

**Tourist Info am Campingplatz**
*Kaupvangur 10, Tel. 471 23 70*

# MARCO POLO TIPS FÜR DEN OSTEN

**1 Fljótsdalsheiði**
Menschenleeres Abenteuergelände mit Tundracharakter zwischen dem Lögurinn-See und dem alten Vulkan Snæfell. Ideal für fortgeschrittene Wanderer und Bergsteiger, die nicht auf Höchstleistungen erpicht sind (Seite 60)

**2 Jökulsárlón**
Bizarre Eisberge in einer Gletscherlagune unter-

halb des Vatnajökull (Seite 64)

**3 Loðmundafjarðarleið**
60 km Wanderung von Borgarfjörður eystri nach Seyðisfjörður, zum Teil durch wegloses Gelände, vorbei an verlassenen Dörfern und symmetrischen Bergen. Ein Erlebnis für erfahrene und gut ausgerüstete Wanderer! (Seite 62)

---

## ZIELE IN DER UMGEBUNG

### Fljótsdalsheiði (111/D 6)

★ Über die Landstraße 931 in Richtung Südwesten, immer auf der Westseite des Lögurinn-Sees entlang, kommt man per Auto oder Fahrrad in eine tundraartige Wildnis, die anspruchsvolle Wander- und Klettermöglichkeiten bietet. Ihr Name: Fljótsdalsheiði, was auf Deutsch etwa Flußtalsmoore bedeutet. Sie ziehen sich über mindestens 50 km nach Südwesten bis hin zum Snæfell, dem Schneeberg. Mit dem Geländewagen kommt man auf abenteuerlichen Pisten bis nah an diesen 1833 m hohen erloschenen Vulkan heran. Er ist unter Bergsteigern recht beliebt. Auf den vielen, oft namenlosen Gipfeln dieser Gegend kann man an klaren Tagen einen weiten Blick auf Zentral-Island werfen, das heißt: auf die Vulkane Askja, Herðubreið und den Vatnajökull. Aber es ist nicht bloß der Ausblick, der besticht. Auch das Wandern hier macht Spaß.

### Hallormsstaður (117/D–E 1)

800 ha groß ist es, das Terrain, auf dem in Island die Bäume wachsen. Hier, am Ostufer des Lögurinn, werden seit 1903 kontinuierlich Birken, Tannen, Pappeln und Lärchen angepflanzt. Einige Bäume erreichen inzwischen eine Höhe von 10 m. Auf die nicht gerade baumverwöhnten Isländer übt dieser Ort eine große Anziehung aus.

Unterkunft (behindertengerecht) in Hallormsstaður: *Hótel Edda Hallormsstaður, 20 Zi., Tel. 471 17 05, Fax 471 21 97, Kategorie 2*

### Hengifoss (117/D 1)

Der drittgrößte Wasserfall in Island. Er hat eine Fallhöhe von 118 m. An der Abbruchkante kann man sehr schön die einzelnen Erdschichten erkennen. Der Weg nach Hengifoss auf der Westseite des Lágarfljót Lögurinn ist gut ausgeschildert und gut begehbar. Auf der Wanderung passiert man den *Litlanesfoss,* der durch schöne Basaltformationen auffällt.

## Lágarflót/Lögurinn (111/D–E6)

Der mit 140 km zweitlängste Fluß Islands, der Lágarfljót, bildet bei Egilstaðir einen 112 m tiefen See, den Lögurinn. Seine Fläche beträgt 53 qkm. Im See soll dem Volksglauben nach ein Ungeheuer ähnlich dem von Lough Ness hausen.

## Seyðisfjörður (111/F6)

Das östliche Einfallstor nach Island. Im Sommer läuft hier einmal in der Woche die Fähre Norröna ein. Früher war das Städtchen eine wichtige Handelsniederlassung. Neben dem Tourismus lebt der Ort heute hauptsächlich vom Fischfang. Die bunt bemalten Holzhäuser sind schön anzusehen.

Unterkunft in Seyðisfjörður: *Hótel Snæfell, Austurvegur 3, Tel. 472 14 60, Fax 472 15 70, Kategorie 2*

# BORGARFJÖRÐUR EYSTRI

**(111/F4–5)** Der Geheimtip des Ostens. Ein bildschönes Fjordstädtchen (auf einigen Karten heißt es auch *Bakkagerði*), umgeben von schneebedeckten »Rocky Mountains« und dem Dyrfjöll-Gletscher. Islands bekanntester Künstler, Jóhannes Kjarval, lebte und malte hier auf einem Gehöft namens Geitavík. Es gibt ein altes grasbedecktes Haus mitten im Ort. Gesteinssammler schätzen die ergiebigen Strände im Osten des Ortes.

## BESICHTIGUNG

### Njarðvíkurskriður

Kurvenreiche Strecke direkt am Meer auf der Straße nach Bor-

*Die Fähre verkehrt im Sommer zwischen Island, den Färöern und Dänemark*

garfjörður Eystri. Bis zum 14. Jh. passierten hier viele Unfälle, die einem Ungeheuer namens Naddi, halb Tier, halb Mensch, zugeschrieben wurden. Am Ort, wo das Wesen starb, wurde 1306 ein Kreuz errichtet. Auch heute noch steht dort ein Kreuz mit lateinischer Inschrift.

## EINKAUFEN

### Alfasteinn
Ein Laden nur für Gesteinssammler. Manches ist schierer Kitsch, manches wertvoll, und einige der schönsten Stücke sind sogar importiert worden – zum Beispiel aus Brasilien. *1. Juni bis 8. Sept. tgl. 10–18 Uhr*

## ÜBERNACHTUNG

### Fjarðarborg
Keine Zimmer, sondern Säle, ideal für Schlafsacktouristen; direkt an der Küste. *Nur im Sommer, Tel. 472 99 20, Fax 472 98 77, Kategorie 3*

## SPIEL UND SPORT

### Reiten
Kleine Ausflüge auf dem Pferderücken, aber auch große Exkursionen lassen sich mit Guðmundur Sveinsson auf der Bakki-Farm vereinbaren. *Tel. 472 99 87*

## ZIELE IN DER UMGEBUNG

### Dyrfjöll                    (111/E–F 5)
Unwahrscheinlich steil, unwahrscheinlich zerklüftet. Steigt zwischen dem Flußtal des Lagarfljóts und Borgarfjörður Eystri (Entfernung 17 km Luftlinie) mal eben auf 1136 m an. Eine Felsöffnung am Gipfel gab dem »Türgletscher« seinen eigentümlichen Namen.

### Loðmundarfjarðarleið (111/E–F 4–6)
★ Eine Wanderung: Von Borgarfjörður Eystri geht's in Richtung Süden. 30 km lang folgt man der Geländewagenpiste, dann beginnen unwegsame Berg- und Fjordgefilde. Man kann Abstecher in die schmale Bucht von Húsavík machen oder in den verlassenen Loðmundarfjörður. Zehn Bauerngehöfte hatten sich dort über Jahrhunderte halten können – bis die Versorgung per Dampfschiff aus Kostengründen eingestellt wurde. Wanderer können im Sommer auf dem Hof Stakkahlíð übernachten, sofern sie einen

---

### Island, das Paradies

Islands berühmtester Schriftsteller, der Nobelpreisträger Halldór Laxness, ist ein vorzüglicher Chronist des isländischen Lebens, auch deshalb, weil er seinen präzisen Beobachtungen stets einen ironischen Unterton beigibt. Hier zwei Zitate aus seinem Roman »Das wiedergefundene Paradies«:

»In jener Zeit hielt man es auf dem Lande noch für unangebracht, sich mit irgendeiner Sache nur deswegen abzugeben, weil sie amüsant war.« Und seinen Bauer Steinar läßt Laxness erklären: »Och, ich wäre undankbar gegen Gott, wenn ich die Mühe scheute, den richtigen Stein für den richtigen Spalt zu finden.«

eigenen Schlafsack mitbringen. Auf dem Weitermarsch in Richtung Seyðisfjörður passiert (oder besteigt) man den 925 m hohen ⚜ Karlfell, einen ganz symmetrisch geformten Berg. Für die ca. 60 km von Borgarfjörður Eystri nach Seyðisfjörður sollte man sich sorgsam ausrüsten (Kleidung, Proviant) und in guter körperlicher Verfassung sein. *Dauer: ca. 2–3 Tage*

## DJÚPIVOGUR

(**117/E3**) Kleines Fischerdorf am Berufjörður. Früher war es ein blühendes dänisches Handelszentrum, heute hat es nur noch 600 Ew. Die berühmte Zeolithfundstelle *Teigarhorn* darf nur in Begleitung des örtlichen Bauern betreten werden. Bruchstücke können in einem kleinen Museum, das der Bauer eingerichtet hat, besichtigt und teils auch gekauft werden.

### HOTEL

**Hótel Framtið**
24 Doppelzimmer, Sauna und Solarium im Haus. Auch gutes Restaurant. *Vogarland 4, Tel. 478 88 87, Fax 478 81 87, Kategorie 2*

### ZIEL IN DER UMGEBUNG

**Papey** (**117/E4**)
Der Name (etwa: »Popen-Insel«) geht wohl auf irische Mönche zurück, die hier einst einsam gehaust haben, doch leben seit erdenklichen Zeiten nur noch Seevögel auf den ⚜ Felsen von Papey. Bootstouren bietet *Papeyjarferðir* an, *Tel. 478 81 83 oder 854 43 38*

## HÖFN

(**117/D4**) Fischereihafen an der Südostspitze Islands und neben Reykjavík die einzige Stadt im Lande, die ersichtlich einen Boom erlebt. Bis 1974 war Höfn (1800 Ew.) ein verschlafenes Nest auf einer Lagune im Horna-Fjord. Wer den Ort erreichen wollte, mußte auf der Nationalstraße 1 einmal die Insel umkurven. Dann wurde die Straßenverbindung über Vík fertiggestellt, und der wirtschaftliche Aufschwung von Höfn begann. Ausgangspunkt für Gletscherwanderungen und Bootstouren.

### MUSEUM

**Museum der Region**
In einem Handelshaus aus dem 19. Jh. werden nautische und agrartechnische Besonderheiten aus der Region um Höfn ausgestellt. *1. Juni–1. Sept. tgl. 10–12 Uhr und 14–17 Uhr*

### RESTAURANT

**Hafnarbúðin**
Bessere Snackbar an der Ránarslóð-Straße am Hafen. *Tgl. 9 bis 23.30 Uhr, Kategorie 3*

### HOTELS

**Hótel Höfn**
Erstklassiges, modernes Hotel, behindertengerecht. *36 Zi., Víkurbraut, Tel. 478 12 40, Fax 478 19 96, Kategorie 1*

**Nesjaskóla**
Das Edda-Hotel ist außerhalb des Ortes im Grünen gelegen. *25 Zi., Tel. 478 14 70, Fax 478 14 96, Kategorie 2*

Am Campingplatz von Höfn gibt es eine Touristenauskunft. *Im Sommer tgl. 8–14 und 16–23 Uhr*

## ZIELE IN DER UMGEBUNG

### Jökulsárlón (116/B 5)
★ In der Gletscherlagune unterhalb des Vatnajökull, die direkt an der Ringstraße liegt, treiben zahlreiche Eisberge. Dem Besucher bietet sich ein imposanter Anblick. Lohnend sind die Bootsfahrten entlang der bizarren Eisberge. *Auskunft: Hali c/o Sjölnir Torfason, 781 Höfn, Tel. 478 10 65 oder 852 06 31, Preis 1200 ISK pro Person*

### Skaftafell (116/A 5)
Der Nationalpark am Südrand des Riesengletschers Vatnajökull wurde im Jahr 1967 gegründet und umfaßt 1600 qkm. Die Kraft der Gletscher hat diese Landschaft geprägt. Die höchsten Berge in unmittelbarer Nähe sind Hafrafell (1174 m) und Kristínartindar (1126 m). Im Westen erheben sich, nur bei Nebel übersehbar, der Snæbreið (2041 m) sowie der höchste Berg Islands, der 2119 m hohe Hvannadalshnúkur.

Bis in die Niederungen des Nationalparks erstrecken sich drei Gletscherzungen: Skeiðarárjökull, Morsárjökull und Skaftafellsjökull. Der Skeiðarájökull ist mit einer Fläche von 1600 qkm der größte Talgletscher in Europa. Bis 1940 vereinigten sich mehrere Gletscherzungen im Tal, doch infolge der Klimaerwärmung der letzten Jahrzehnte zogen sich die Gletscher immer weiter zurück. Was

blieb, sind ihre Schutt- und Schmutzmoränen. Die drei Gletscher des Parks speisen drei Flüsse, von denen der Skeiðará der mächtigste ist. Im Sommer beträgt seine Durchschnittsabflußrate 200 m³ pro Sekunde. Im Oktober 1996 kam es durch den Ausbruch des mitten im Vatnajökull gelegenen Vulkans Lóki zu einem Gletscherlauf. Die zu Tal stürzende Wassermenge betrug ca. 12 000 m³ pro Sekunde, und zwei der über den Skeiðarársandur führenden Brücken wurden zerstört. Die *Skeiðarársandur* (**115/F 4–5** und **116/A 6**), eine schwarze Sand- und Geröllfläche von 1000 qm Größe, wurde von solchen Gletscherläufen aufgespült.

Dank der hohen Berge ringsum, die alle Nord- und Ostwinde fernhalten, aber auch bedingt durch Föhneffekte, herrschen am Skaftafell mildere klimatische Verhältnisse als an vielen anderen Orten Islands. Man findet 210 verschiedene höhere Pflanzen. Am auffallendsten sind dabei der Waldstorchschnabel, die Glockenblume, das echte Labkraut, der Waldengelwurz, das Ruch- und das Strauchgras. Im Bæjarstaðarskógur gibt es noch Reste der ursprünglichen Bewaldung dieser Region – Birken von bis zu 12 m Höhe. Ungewöhnlich ist, im Vergleich zu anderen Landesteilen, die Zahl der Insekten. So finden hier besonders viele Vögel ihre reichliche Nahrung: Rotdrosseln, Bekassinen, Wiesenpieper, Schneehühner, Bergfinken sowie eine nur in Island vorkommende Unterart des Zaunkönigs. Auch kleine Säuger wie Mäuse und Nerze haben sich hier niedergelassen, gelegentlich stößt man auf einen Polarfuchs.

Vom Campingplatz des Nationalparks aus lassen sich einige interessante Wanderungen und auch überaus anspruchsvolle Kletterpartien unternehmen. So zum Wasserfall Svartifoss (ca. anderthalb Stunden), zum Sjónarsker (ca. zwei Stunden), zur Gletscherzunge des Skaftafellsjökull (anderthalb Stunden), auf die Kristínartindar (ca. sechseinhalb Stunden) und zum Ursprung (Gletscherflüsse haben keine Quellen) der Skeiðará (ca. acht Stunden). Die angegebenen Zeiten gelten für Hin- und Rückweg. Die Wanderwege sind, sonst eher die Ausnahme in Island, gut gekennzeichnet. Seltener benützte Pfade führen zum Wald Bæjarstaðarskógur, wo heiße Quellen mit Temperaturen von 70 bis 80 Grad entspringen, zum Morsársjökull, einem Gletschersee mit Eisbergen, und nach Kjósarbotn, wo es farbenprächtige Liparitberge zu bewundern gibt. Für diese Touren sind genaue Karten, gute Kondition und unter Umständen auch hohe Stiefel erforderlich, denn es müssen verschiedene reißende Flüsse durchwatet werden. Auch der Hvannadalshnúkur ist vom Skaftafell-Park aus zu besteigen. Nähere Auskünfte erteilt der Parkaufseher, der auch Führer vermittelt.

Unterkünfte: Die *Bölti-Farm* am westlichen Ende des Campingplatzes offeriert Doppelzimmer, Schlafsäle und auch Schlafsackunterkünfte. *Tel. 478 16 26, Kategorie 3.* Nur vier Kilometer außerhalb des Parks, am Fuße des Svínafellsjökull, gibt es das *Hótel Skaftafell (Tel. 478 18 45, Fax 478 18 46, Kategorie 2)*.

*Ausbruch des Vulkans Lóki im Oktober 1996*

65

# Der mächtigste Wasserfall und die schönste Stadt

*Nicht nur die Natur ist hier schön,
sondern meistens auch das Wetter*

Island ist im Norden besonders schön! Nur durchschnittlich 33 mm Niederschlag im Juli machen die große Meeresbucht Eyjafjördur mit der Gartenstadt Akureyri zur »Riviera unterm Polarkreis«. Das ist der geringste Niederschlagswert, der in Island gemessen wird. Gleichzeitig ist Akureyris Sommertemperatur landesweit die höchste. Vom guten Wetter abgesehen, hat Islands Norden den schönsten See des Landes (Mývatn) zu bieten, den schönsten Naturpark (Jökulsárgljúfur), den mächtigsten Wasserfall (Dettifoss) und beste Möglichkeiten für Geländewagen- bzw. Trekkingtouren ins Landesinnere.

größte Stadt in Island und bei weitem die schönste. Die Lage inmitten schneebedeckter Berge ist attraktiv, die unermüdlichen Anstrengungen der Bürger machen Akureyri zum Schmuckstück. Es wird allerorten gesät und angepflanzt, hegt und gepflegt – mit dem Ergebnis, daß im Sommer und Herbst ein Blütenmeer im frischklaren Polarwind wogt. Die leuchtend weiß verputzten Häuser sind, mit Ausnahme der neueren Stadtviertel, von phantasievollerer Bauart als die Häuser von Reykjavík. Zu Beginn des 19. Jhs. errichteten dänische Kaufleute am südwestlichen Ausgang des Eyjafjörður (Inselfjord) das bald blühende Handelszentrum. Einige Gebäude Akureyris stammen aus jener Zeit.

## AKUREYRI

**(109/E 3)** ★ Eine Stadt zum Liebhaben. 16 000 Ew., damit die viert-

## BESICHTIGUNGEN

### Akureyri-Kirche

Guðjón Samúelsson, der Architekt des basaltenen Monumentalbaus der Hallgrímskirkja in

*Der Jökulsárgljúfur ist ein grandioser Cañon von 25 km Länge*

Reykjavík, zeichnet auch für die Akureyri-Kirche (Baujahr 1940) verantwortlich. Ähnlichkeiten sind nicht zu übersehen. Die Akureyri-Kirche ist außen nicht gerade epochal, innen ist sie dagegen attraktiver: Kirchenfenster, die mit Bildern aus der Geschichte Islands bemalt sind, und ein Originalglasfenster aus der im Zweiten Weltkrieg zerstörten Kathedrale von Coventry prägen das Bild.

### Botanischer Garten

◉ Der Stolz Akureyris und ein kleines Weltwunder: Auf exakt 65°40´ nördlicher Breite gedeihen Gewächse aus Spanien, Neuseeland, ja selbst aus afrikanischen Ländern. Und das draußen an der frischen Luft und in nicht mal sonderlich geschützter Lage!

*Eyrarlandsvegur, 1. Juni–30. Sept. Mo–Fr 8–22 Uhr, Sa und So ab 9 Uhr*

### Kjarnaskógur

◉ Islands meistbesuchtes Stück Wald liegt südlich der Stadt. Vom Zentrum aus geht man zu Fuß eine Stunde. Trimm-dich-Pfad, Picknicktische, originelle Kinderspielplätze, doch mit dem angekündigten »Wald« hapert's: nur Büsche und ein paar kurze Birkenwege. In den Gewächshäusern von Groðvarstöð am östlichen Parkausgang gibt es werktags frisches Gemüse zu kaufen.

### Nonnahús

Das hübsche, kleine Haus an der Aðalstræti 54 trägt den Namen Nonnahús und ist Jón Sveinsson

# MARCO POLO TIPS FÜR DEN NORDEN

**1** **Akureyri**
Nicht nur das milde und trockene Sommerwetter machen Akureyri zur schönsten Stadt Islands (Seite 67)

**2** **Blönduós**
Die Flüsse Blanda und Laxá á Asum sind Fischreviere, von denen mitteleuropäische Angler nur träumen können. Beste Fangzeit für Lachse: im August (Seite 71)

**3** **Dettifoss**
Der wasserreichste Wasserfall Europas stürzt 44 m in die Tiefe (Seite 72)

**4** **Jökulsárgljúfur**
Flußcañons, grüne Ebenen mit urzeitlichen Gesteinsbildungen und grandiose Wasserfälle bilden zusammen Islands schönsten Nationalpark (Seite 72)

**5** **Mývatn**
Der wohl schönste See in Island! 7000 Entenpaare brüten hier, es gibt Vulkanismus und bizarre Lavaformen (Seite 72)

**6** **Glaumbær**
Museumsdorf. So wohnten die alten Isländer unterm Grasdach (Seite 73)

gewidmet. Er, der selbst seit frühester Jugend Nonni genannt wurde, machte in seinen Jugendromanen zwei Kinder aus Akureyri, Nonni und Manni, weltberühmt. Sveinsson, 1857 bei Akureyri geboren, starb 1944 in Köln. Seine Geschichten schrieb er auf Deutsch, so daß sie ins Isländische übersetzt werden mußten. Das Museum gibt die Atmosphäre isländischen Lebens im 19. Jh. wieder. *Aðalstræti, 1. Juni bis 15. Sept. tgl. 10–17 Uhr, Eintritt 100 ISK*

## RESTAURANTS

### Bautinn
Tägliches Spezialmenü, Papageientaucher und Seerobbe. Die Alkoholpreise sind niedriger als in den meisten Pubs. *Hafnarstræti 92, Tel. 462 18 18, Kategorie 2*

### Fiðlarinn
Gehobenes Restaurant im 4. Stock des Gebäudes. *Skipagata 14, Tel. 462 71 00, Kategorie 1*

### Pizza 67
Filiale der bekannten isländischen Pizza-Kette. Neben Pizza auch Fisch- und Steakgerichte. Außer-Haus-Service. *Geislagata 7, Tel. 461 29 67, Kategorie 2*

### Við Pollinn
Café in einem der ältesten Häuser der Stadt. *Strandgata 49, Tel. 461 27 57, Kategorie 2*

## HOTELS

### Fosshótel Bjork
Kleines First-class-Hotel, ausgestattet mit 19 Zimmern. *Hafnarstræti 67, Tel. 461 19 00, Fax 461 18 99, Kategorie 1*

### Fosshótel Harpa
Zentral gelegenes Hotel, guter Service. *24 Zi., Hrafnagilsstræti 83–85, Tel. 461 14 00, Fax 460 20 60, Kategorie 2*

### Fosshótel Kea
Modernes Luxushotel. Behindertengerecht. *24 Zi., Hafnarstræti 87 bis 89, Tel. 462 22 00, Fax 461 22 85, Kategorie 1*

### Hótel Edda Akureyri
Schlichtes Haus, nur im Sommer geöffnet. 2 km zum Golfplatz. *79 Zi., Hrafnagilsstræti, Tel. 461 14 34, Fax 461 14 23, Kategorie 3*

### Jugendherberge Akureyri
Einfache Unterkunft, es besteht die Möglichkeit, Wäsche zu waschen. Mit Schwimmbad. *Stórholt 1, Tel. 462 36 57, Fax 461 25 49, Kategorie 3*

### Þelamörk
Dieses Edda-Hotel liegt im Grünen, es gibt ein Schwimmbad. Auch Schlafsackunterkünfte. *29 Zi., nordwestlich von Akureyri, Tel. 462 17 72, Fax 505 05 22, Kategorie 2–3*

## SPIEL UND SPORT

### Golf
18-Loch-Golfkurs außerhalb von Akureyri. *Auskunft: Tel. 462 29 74.* Einen Minigolfplatz gibt es beim Schwimmbad.

### Jetski
Jetskivermietung an der Strandgata. Auch Neoprenanzüge. *Tel. 896 53 32*

### Reiten
Pferde können bei *Litli Garður, Tel. 461 22 45,* und bei *Alda* in

*Der Hafen von Dalvík bietet 1500 Einwohnern ein Auskommen*

Melgerði, *Tel. 463 12 67 (25 km südlich von Akureyri)*, gemietet werden. Fünftägige Reittouren organisiert *Polar Horses* in *Grýtubakka, Tel. 463 31 79.*

## AM ABEND

**Kaffi Akureyri**
Beliebter Pub, in dem oft Live-Musik gespielt wird. Besitzerin ist die isländische Sängerin Sigga Beinteinsdóttir. *Strandgata 7, Tel. 461 39 99*

**Sjallinn**
Nachtklub mit Live-Musik. *Geislagata 14, Tel. 462 27 70*

## AUSKUNFT

**Touristeninformation**
*Im BSI-Busterminal, Hafnarstræti 82, Tel. 462 77 33, www.est.is/ tourist, Juni–Aug. Mo–Fr 8–21 Uhr, Sa und So 12–20 Uhr; Sept.–Mai Mo–Fr 8.30–17 Uhr*

## ZIELE IN DER UMGEBUNG

**Dalvík** (109/D 2)
Idyllisches Dorf an der Westseite des Eyjafjörður. Hier gibt es Möglichkeiten zum Wandern und zum Reiten. 77 Häuser von Dalvík wurden 1934 bei einem Erdbeben zerstört.

Unterkunft: *Sæluvist, Stórholtsvegur 6, Tel. 466 30 88, Kategorie 3*

**Goðafoss** (109/F 3)
Der Skjálfandafljót, der am Südrand des Vatnajökull entspringt, bildet auf seinem Weg ins Nordmeer etwa 40 km östlich von Akureyri den »Wasserfall der Götter«, an dem jeder Island-Bus eine kurze Fotopause einlegt. Im Jahre 1000 warf der Gode Þorgeir nach der Rückkehr von dem Alþing, auf dem die Annahme des Christentums entschieden wurde, seine heidnischen Insignien in den Wasserfall – daher der Name.

### Ólafsfjörður (109/D 1)

〰️〰️ Schönes Fischerdorf am Nordausgang des Eyjafjörður, 1100 Ew. Von dem 400 m hohen Ólafsfjarðarmúli, der sich hinter dem Ort erhebt, kann man bis weit hinter den Polarkreis blicken und die Mitternachtssonne beobachten.

Unterkunft: *Hótel Ólafsfjörður, 11 Zi., Bylgjubyggð 2, Tel. 466 24 00, Fax 466 26 60, Kategorie 3.* Für Gäste des Hotels besteht die Möglichkeit, die örtliche Fischfabrik zu besichtigen.

## BLÖNDUÓS

**(108/B 3)** ★ Fischereizentrum an der Húnafjörður-Bucht. Die beiden Flüsse Blanda und Laxá á Ásum münden hier und sind dermaßen fischreich, daß sich der Aufenthalt für Angler und Fischgourmets empfiehlt.

### BESICHTIGUNG

**Textilmuseum**
Einmalige Sammlung von Handarbeiten aus der Region. *Mo–Fr von 15–17 Uhr (20. Juni–30. Aug.)* Bei Anmeldung lassen sich auch andere Termine vereinbaren, *Tel. 452 41 53*

### ÜBERNACHTUNG

**Glaðheimar**
6 Sommerhütten für jeweils 3 bis 10 Personen. *Brautarhvammur, Tel. 452 41 23, Fax 452 49 24, Kategorie 3*

**Sveitasetrið**
Angenehmes Hotel mit gutem Preis-Leistungs-Verhältnis. *18 Zi., Aðalgata 6, Tel. 452 41 26, Fax 452 49 89, Kategorie 2*

### SPIEL UND SPORT

**Golfclub Blönduós**
In der Nähe von Blönduós gibt es einen 9-Loch-Golfplatz. Information unter *Tel. 452 49 80.*

## HÚSAVÍK

**(109/F 1)** Die größte Stadt im nordöstlichen Island heißt übersetzt »Hausbucht«. Ihre 2500 Einwohner leben vom Fischfang.

### BESICHTIGUNG

**Walbeobachtung (109/E–F 1)**
Die Bucht *Skálfandi* ist einer der besten Plätze Islands für Walbeobachtungen. Touren bietet Sjoferðir Arnar an. *Tgl. 13, 17 und 20 Uhr, Tel. 854 29 48 oder 464 17 48, 2500 ISK*

### HOTEL

**Húsavík**
Preiswertes Hotel im Zentrum. *44 Zi., Ketilsbraut 22, Tel. 464 12 20, Fax 464 21 61, Kategorie 3*

### ZIELE IN DER UMGEBUNG

**Flatey (109/E 1)**
In den vierziger Jahren lebten etwa 140 Menschen auf der »flachen Insel«. Ende der sechziger Jahre zogen die letzten Bewohner fort. Inzwischen sind 30 Vogelarten dort heimisch. *Bootstouren organisiert Sjoferðir Arnar, Juni–Mitte Aug. tgl. 9.30 Uhr, Húsavik, Tel. 854 29 48, 2500 ISK*

## REYKJAHLÍÐ

**(110/A 4)** Versorgungszentrum (250 Ew.) in einem touristisch besonders reizvollen Gebiet.

Bank, Busbahnhof, zwei Tankstellen. Die Hotels *Reykjahlíð (12 Zi., Tel. 464 41 42, Fax 464 43 36, Kat. 2)* und *Reynihlíð (41 Zi., Tel. 464 41 70, Fax 464 73 71, Kat. 1)* bieten angenehme Unterkunft.

**ZIELE IN DER UMGEBUNG**

### Dettifoss (110/B 4)

★ Europas größter Wasserfall, obschon nur 44 m hoch. 200 m³ Gletscherwasser stürzen pro Sekunde in die Tiere. Über der Szenerie liegt oft ein doppelter Regenbogen. *Busse von Reykjahlíð fahren Mo, Mi und Fr die West-, an den anderen Tagen die Ostseite des Wasserfalls an*

### Jökulsárgljúfur-Nationalpark (110/A–B 3–4)

★ Der Jökulsárgljúfur-Nationalpark mag für nicht-isländische Zungen ewig unaussprechbar bleiben, an seiner Schönheit und Vielseitigkeit ändert das nichts. Das Rückgrat des Parks ist der Gletscherfluß Jökulsá á Fjöllum, der mehrere Cañons und Wasserfälle (darunter Dettifoss, Selfoss etc.) bildet. Im Norden befindet sich eine hufeisenförmige

Schlucht – Ásbyrgi, der Sage nach ein Hufabdruck von Odins achtbeinigem Pferd Sleipnir. Der Nationalpark hat eine Gesamtfläche von 150 qkm.

### Mývatn (110/A 4–5)

★ Für Besucher hat der ruhige, von einigen Inseln bildschön gegliederte Mývatn etwas Erhabenes. Die Isländer haben ihn profan »Mückensee« genannt. Der Mývatn ist 37 qkm groß und nirgendwo tiefer als 4,5 m. Unterirdische Quellen, darunter einige warme, speisen den See, der Bach Grænilækur ist der einzige oberirdische Zufluß. Der Mývatn gehört noch zum Regenschatten des Vatnajökull, so daß im allgemeinen trockenes Wetter herrscht. Temperaturen von 20 Grad sind hier keine Überraschung. Der See wird von 15 Entenarten bevölkert (ca. 7000 Paare jährlich), aber auch sonst ist vom Eistaucher bis zum Wiesenpieper die ganze Vogelschar vertreten. Im See gibt es Lachs, dazu Forellen und Saiblinge. Besonders im Juni und August wimmelt es von Millionen Mücken, allerdings eine Gattung, die

*Das Alter des Myvatn wird auf 2500 Jahre geschätzt*

nicht sticht. Übernachtung: *Hótel Reynihlíð, 41 Zi., Tel. 464 41 70, Fax 464 43 71, Kategorie 1*

## Touren ins Hochland

Reykjahlíð ist Ausgangspunkt für Expeditionen aller Art ins unbewohnte Landesinnere. Die Touren in die Wüsten *Sprengisandur* (**109/E–F 5–6**) und *Ódáðahraun* (**116/A–B 1**) haben es in sich und sind nichts für Schicki-Micki-Abenteurer. Beispiel: die landschaftlich großartige Herðubreið-Askja-Tour, nur für Allradfahrzeuge! Ca. 33 km östlich vom Mývatn beginnt die F 88, eine Piste, die durch mehrere Lavafelder führt und einige Furten aufweist. Bis zum Campingplatz im *Herðubreið-Naturschutzgebiet* (**110/B 6**) sind es 66 km. Dort gibt es eine Touristenhütte mit 40 Plätzen. Die Herðubreið (»die Breitschultrige«, 1662 m) ist schwer zu besteigen. Wer nicht klettern mag, freut sich an der Herðubreiðarlindir, einer grünen Oase inmitten von schwarzem Sand. Die Fahrt zur *Askja* (»Schachtel«) (**116/A 1**) mäandert am Gletscherfluß Jökulsá á Fjöllum entlang. Bis zur Dreki-Hütte (20 Schlafplätze), die vom Akureyri Touring Club unterhalten wird, sind es noch einmal 46 km. Das letzte Talstück führt vom Fluß fort in die Ódáðahraun, die »Wüste der Missetäter«, eine 4600 qkm große Hochebene. Berühmt ist der Vulkan Askja, an dem sich der Öskjuvatn, ein 11 qkm großer und 217 m tiefer Kratersee, gebildet hat. Unmittelbar am See liegt der Explosionskrater Víti (Hölle). 1907 verschwanden der deutsche Geologe Walther von Knebel und der Maler Max Rudloff bei Forschungsarbeiten am Öskjuvatn spurlos. Zur letzten Eruption der Askja kam es am 26. Oktober 1961. Nasa-Astronauten wurden in diesem Gelände für ihre Mondflüge trainiert.

# SAUÐÁRKRÓKUR

(**108/B 2–3**) Ein nahezu »unentdecktes« kleines Städtchen am Skagafjörður. Die rund 2700 Ew. leben von der Fisch- und Wollindustrie.

### Fosshótel Áning

Das behindertengerechte Haus hat nur im Sommer geöffnet. *72 Zi., Sæmundarhlíð, Tel. 453 67 17, Fax 453 60 87, Kategorie 2*

### Hótel Mælifell

Hotel im Zentrum. *Aðalgata 7, Tel. 453 52 65, Fax 453 56 40, Kategorie 3*

### Drangey                (**108/B 2**)

Vogelinsel im Skagafjörður, die Schauplatz einer Saga ist. Bootstouren von Sauðárkrókur und Reykir werden angeboten. *Info: Tel. 852 90 03 oder 453 63 10, Preis 3500 ISK*

### Glaumbær                (**108/C 3**)

★ Ein Torfgehöft als Freilichtmuseum. Der überwiegend aus Torfsoden aufgebaute Hof war bis 1938 bewohnt. 16 kleine Räume gruppieren sich um einen zentralen Flur. Als Arbeits-, Wohn- und Schlafstätte diente die »baðstofa« (etwa: Wohnstube) mit 22 Schlafplätzen. *Juni–Sept. tgl. 9–18 Uhr, sonst nach Vereinbarung, Tel. 453 61 73*

# Snæfellsnes und die Westfjorde

*Vom magischen Berg zu den Geisterdörfern der Hornstrandir*

**W**ie die Finger einer Hand strecken sich die Fjorde des Nordwestens – in Island kurz: »die Westfjorde« – gen Grönland aus. Im Vergleich zu anderen Landesteilen bedeuten sie eine Steigerung in mehrerlei Hinsicht. Erstens: Island ist dünn besiedelt, der Nordwesten sogar zu großen Teilen unbevölkert. Zweitens: Island ist ein von Wind, Wetter und anderen Naturkräften geprägtes Land, doch nirgendwo ist die Insel so zerklüftet wie im Nordwesten. Drittens: Die Fjorde sind der bei weitem älteste Landesteil. Hier wurden die ältesten Gesteine Islands gefunden, die auf ein Alter von 16 Mio. Jahren datiert werden. Größere Städte findet man in dieser Region nicht, dafür Fjorde von manchmal schon beängstigender Steilheit sowie, schenkt man Jules Verne Glauben, die Eingangspforte, von der aus ein kauziger Hamburger Geologieprofessor seine »Reise zum Mittelpunkt der Erde« unternahm.

*Einsamer Hof*
*auf der Halbinsel Snæfellsnes*

Weiter südlich ist das Gebiet stärker besiedelt. Geschichtliche Stätten, Höhlen und wunderbare Wandergebiete machen den Westen zu einer beliebten Urlaubsregion.

## AKRANES

**(113/D 4)** »Mut zur Farbe«, empfahlen die Stadtväter von Akranes vor einigen Jahren ihren Bürgern. Der Aufruf hatte Erfolg. Der von den weithin sichtbaren *Sementsverksmiðja ríkisins* (den staatlichen Zementfabriken) beherrschte Ort präsentierte sich bis dahin grau in grau. Mit seinen 5200 Ew. zählt Akranes zu den größeren Städten in Island.

### BESICHTIGUNGEN

#### Akrafjall
◄▷ Der 643 m hohe Gipfel schützt die Stadt gen Osten. Leicht zu besteigen. Guter Ausblick über Teile des Hvalfjöðurs und nach Reykjavík.

#### Akranes Museum
Mischung aus Museum und Gedenkstätte. Glanzpunkt ist der Kutter Sigurfari von 1885, der

schwer mit Waffen bestückt ist, als ob er noch immer im Heringskrieg gegen die Briten aushelfen müßte. Ein in Gälisch und Isländisch verfaßter Gedenkstein soll an die Rolle irischer Mönche bei der Besiedlung Islands erinnern. Im Innern Gemälde von regionalen Künstlern. *Mai–Aug. tgl. 10.30–12 und 13.30–16.30 Uhr, Sept.–April Mo–Fr 13.30–16.30, Eintritt: umgerechnet ca. fünf Mark für Erwachsene. Gruppen sollten sich vorher anmelden. Tel. 431 12 55*

## RESTAURANTS

**Hótel Barbró**
Ansprechendes Restaurant im gleichnamigen Hotel. Fisch- und Fleischgerichte. *Kirkjubraut 11, Kategorie 1*

**Langisandur**
Eine bessere Cafeteria. Für den Happen zwischendurch. *Garðabraut 2, Tel. 431 31 91, Kategorie 2*

## HOTEL

**Hotel Barbró**
Kleines Hotel mit 15 Zimmern, zentral gelegen. *Kirkjubraut 11, Tel. 431 42 40, Fax 431 42 41, Kategorie 2*

# BORGARNES

(**113/D 3**) Handelszentrum an der Spitze einer schmalen Halbinsel an der Mündung des Borgarfjörður. Die Stadt (3500 Ew.) bietet sich als Ausgangspunkt für Erkundungen der Snæfellsnes-Halbinsel an.

## BESICHTIGUNG

**Borg á Mýrum**
Einer der berühmtesten Bauernhöfe des Landes mit einer schönen Skulptur des Bildhauers Asmundur Sveinsson. Hier lebte und schrieb der Wikingerdichter Egill Skallagrímsson. 1197 erwarb der Historiker Snorri Sturluson den Hof, indem er die Erbin von Borg heiratete. Seine Entstehungsgeschichte liest sich so: Der Wikinger Kveldúlfur, Skallagrímssons Großvater, mußte vor Harald Schönhaar aus Norwegen fliehen. Als sich das Schiff der Küste näherte, wurde er krank und ahnte, daß er bald sterben würde. Seinem Sohn Skallagrímur Kveldúlfsson befahl er, einen Sarg zu bauen und ihn über Bord zu werfen – die Familie solle sich da niederlassen, wo er an Land gespült würde.

### Hótel Borgarnes

Hotelrestaurant mit isländischen Spezialitäten. *Egilsgata 14–16, Tel. 437 11 19, Kategorie 2*

### Hreiðrið

Restaurant mit angenehmer Atmosphäre. *Brákarbraut 3, Kategorie 2*

### Pizza 67

Pizzeria, auch mit Lieferservice. *Brúartorg, Tel. 437 12 82, Kategorie 3*

### Hótel Borgarnes

Freundliches Stadthotel, behindertengerecht. *75 Zi., Egilsgata 14–16, Tel. 437 11 19, Fax 437 14 43, Kategorie 2*

### Jugendherberge

Ganz nah am Golfplatz von Borgarnes. *Tel. 437 16 63, Fax 437 10 41*

### Soguhringurinn

Von der Touristeninformation vermittelte, geführte Wanderung zu den Sagaplätzen in Borgarnes. *Juni–Aug., Tourist-Info, Tel. 437 15 29*

### Svignaskard          (113/D 3)

Bauernhof, 17 km nordöstlich von Borgarnes. Hier wohnte der Geschichtswissenschaftler Snorri Sturluson einige Zeit. Vom Hügel Kastali, oberhalb des Hofes, hat man einen vorzüglichen Rundblick auf einige der schönsten Gipfel von ganz Island – den Baula, Okjökull, Þorisjökull und Eiríksjökull. Nahebei befindet sich ein kleiner Birkenwald.

# ISAFJÖRÐUR

(**106/C 2**) Die kleine Lagunenstadt Ísafjörður (3000 Ew.) wurde schon im 15. Jh. von Kaufleuten als idealer Hafen geschätzt, heute macht ein Flugfeld die Stadt zum Hauptort des Nordwestens. Ísafjörður liegt am Skutulsfjörður, einem ohnehin schon gut geschützten Nebenfjord des großen Hauptfjords Ísafjarðarjúp, ist aber dank einer in den Skutulsfjörður vorspringenden Sandbank gleichsam doppelt gegen Meer und Stürme abgeschirmt. Ein Kunststück war es, in die Beengtheit der Verhältnisse ein Flugfeld zu bauen. Man nutzte hierzu eine ausreichend große Landzunge auf der gegenüberliegenden Fjordseite. Die Bewohner Ísafjörðurs leben in der Hauptsache vom Fischfang, aber auch der Tourismus ist inzwischen zu einer wichtigen Einnahmequelle geworden.

### City Park

Große Walfischknochen sind in dieser Gegend nichts Besonderes, bunte Blumenbeete aber schon. Die für isländische Verhältnisse kuriose Kombination aus beiden macht den Reiz des City Parks aus.

### Meeresmuseum

Nautische Gerätschaften, ein altes Segelschiff mit Namen »Ölver« sowie beeindruckende Fotografien von Anno dazumal sind die Attraktionen dieses Museums, das in vier alten Gebäuden untergebracht ist. *Juni bis Mitte Sept. tgl. 13–17 Uhr, Suðurtangi, Tel. 456 44 18*

**Hamraborg**
Imbißbude am Hafen. *Hafnar-stræti 7, Kategorie 3*

**Hôtel Ísafjörður**
Gutes Hotelrestaurant. *Silfurtorg 2, Tel. 456 41 11, Kategorie 1*

**Pizza 67**
Einfache, aber leckere Pizzage-richte. *Hafnarstræti 12, Kategorie 3*

**HOTELS**

**Hotel Edda Reykjanes**
Schlichte Unterkunft in einem Schulgebäude, auch für Schlaf-sacktouristen. *Tel. 456 48 44, Fax 562 58 95, Kategorie 3*

**Hôtel Ísafjörður**
Ein nüchternes Hotel, das auch Schlafsacktouristen Quartiere vermittelt. *32 Zi., Silfurtorg 2, Tel. 456 41 11, Fax 456 40 75, Kate-gorie 2*

**AUSKUNFT**

*Tourist Info, Aðalstræti 7, Tel. 456 51 22, Mo–Fr 8–18 Uhr, im Sommer auch Sa und So 10–14 Uhr*

**ZIELE IN DER UMGEBUNG**

**Bolungarvík** (106/C 2)
Mit 1100 Ew. die zweitgrößte Stadt der Region. Reizvoll in ei-nem Tal zwischen hohen Bergen gelegen. Kurz vor Bolungarvík liegt die restaurierte Fischerhütte Ósvar unterhalb der Straße.

**Hornstrandir** (106–107/C–E 1–2)
★ Die Sahara ist ein bevölkertes Stück Erde verglichen mit Hornstrandir im äußersten Nordwesten Islands. Diese Halb-insel gehört nicht im eigentli-chen Sinn zur näheren Umge-bung Ísafjörður, ist von dort aber mit dem Fährboot regelmä-ßig zu erreichen (zumindest im Sommer). Mit dem Auto kommt man im Westen bis zur Siedlung Dalbær (Landstraße 635), im Osten bis Fell (Landstraße 643). Der Rest fällt unter die Rubrik »unwegsames Gelände«.

Touren durch Hornstrandir sind allemal mehr Expeditionen als Tourismus. Es gibt keinerlei Hotels oder Unterkünfte, nur zehn Nothütten, die aber wirk-lich dem Notfall vorbehalten bleiben sollen. Gute Ausrüstung (Kleidung, Camping, Kompaß, Proviant) und eine gute Verfas-sung (körperlich wie geistig) sind vonnöten, will man die arkti-schen Windverhältnisse und die nicht immer zuverlässig gekenn-zeichneten Hornstrandir-Pfade bewältigen. Trinkwasser findet man überall. Das Terrain ist auch für trainierte Wanderer an-spruchsvoll.

Das 580 qkm große Gebiet war bis in die fünfziger Jahre hinein durchaus besiedelt. Aber immer mehr Fischer und Schaf-züchter zogen aus der unwirt-lichen Gegend fort, so daß sie heute beinahe menschenleer ist. Geologen bezeichnen Hornstran-dir als den ältesten Teil Islands.

**Seljalandsdalur** (106/C 2)
Von den vielen beeindruckenden Tälern im unmittelbaren Hin-terland von Ísafjörður bietet Sel-jalandsdalur im Sommer die schönsten Wanderungen, im Winter die besten (weil beleuch-teten) Skiloipen.

## ÓLAFSVÍK

**(112/A 2)** Das 985-Einwohner-Städtchen hat in der New-Age-Bewegung einen Namen, angeblich soll es sich um eines der größten »Power-Zentren« der Welt handeln. Für Außenstehende ist das schwer nachvollziehbar. Etwas eher schon kann man verstehen, daß der Sciencefiction-Autor Jules Verne (1828 bis 1905) dieses entlegene und regengepeitschte Hafenstädtchen zum Ausgangspunkt einer köstlichen kleinen Romanphantasie wählte: Seine »Reise zum Mittelpunkt der Erde« beginnt auf dem nahen Snæfellsjökull.

### RESTAURANT

**Grillskálinn**
Einfacher Imbiß für den kleinen Hunger. *Ólafsbraut 19, Kategorie 3*

### ÜBERNACHTUNG

**Gistiheimili Höfði**
Auch für Schlafsacktouristen empfehlenswert, *15 Zi., Ólafs-braut 20, Tel. 436 16 50, Fax 436 16 51, Kategorie 2–3*

**Gistiheimili Ólafsvík**
Preiswert und gut. *Ólafsbraut 19, Tel. 436 13 00, Fax 436 13 02, Kategorie 3*

### ZIELE IN DER UMGEBUNG

**Búðir** **(112/B 2)**
Das alte Fischerdorf ist lange schon verlassen, aber herrliche Sandstrände und ein wildes Stückchen Lavawüste Búðahraun sind einen Besuch wert. *Unterkunft: Hótel Búðir, Tel. 435 67 00, Fax 435 67 01, Kategorie 3*

**Snæfellsjökull** **(112/A 2)**
★ Einer der bekanntesten Vulkane der Welt, obwohl er nie ausgebrochen ist, seit auf Island Menschen leben. Seine Berühmtheit ist auf Jules Vernes mehrmals verfilmten Roman »Reise zum Mittelpunkt der Erde« zurückzuführen. Die heutigen Reisenden im »Jules-Verne-Land«, wie die Snæfellsnes-Halbinsel heute gern genannt wird, streben frei-

*Beliebt, aber nicht gerade umweltfreundlich: Snow Scooters auf dem Snæfellsjökull*

lich weniger den Mittelpunkt der Erde an als den 1446 m hohen Gipfel des Snæfellsjökull. Mit dem Geländewagen von Ólafsvík aus geht's am leichtesten, zumal sich so auch die Skier leicht transportieren lassen, denn oben auf dem Gletscher läßt es sich auch im Juli und August vorzüglich skiwandern. Außerdem kann man den Snæfellsjökull auf zwei anspruchsvollen Wandertouren erreichen: Von Süden (Arnarstapi) her in vier bis fünf Stunden bzw. von Westen (aus Richtung Móðulækur kommend) in einem ausgedehnten Marsch, für den eine gute Campingausrüstung für die folgende Übernachtung unverzichtbar ist. Die zweite Tour führt an den Kratern von Rauðhólar und dem Wasserfall Klukkufoss vorbei ins bildschöne Eysteinsdalur-Tal, bevor es endlich auf den Berg geht. 🔻 Grandioser Blick!

## PATREKSFJÖRÐUR

(**106/A–B 4**) Fjord und Stadt sind von irischen Einwanderern nach dem heiligen Patrick benannt worden. Mit seinen 780 Einwohnern gehört Patreksfjörður zu den größeren Orten an der Westküste. Idealer Hafen, der von zwei Sandbänken geformt wird. 1983 wurden Teile der Stadt durch einen Erdrutsch begraben.

**Hótel Flókalundur**
Kleines Bungalowhotel mit 15 Zimmern. *Vatnsfjörður, Tel. 456 20 11, Fax 456 20 50, Kategorie 2*

**Látrabjarg** (**106/A 4**)
Der westlichste Punkt Europas! Von hier aus sind es noch genau 287 km bis Grönland. Es gibt in ganz Island keine bessere Stelle, um Papageientaucher zu beobachten. Die Einheimischen ließen sich in früheren Zeiten per Seil an den 400 m hohen Klippen hinab, um den Vögeln die Eier zu stehlen.

## REYKHOLT

(**113/E 3**) Ein Nest mit ungefähr 1000 Ew., eingebettet in sanfte Hügel und gesegnet mit einer Vielzahl von heißen Quellen. Reykholt ist eng verbunden mit dem Namen des in Südwestisland schier allgegenwärtigen Historikers Snorri Sturluson, der von seinem Bauernhof bei Borgarnes nach Reykholt zog, weil er mehr Ruhe zum Schreiben brauchte. Hier schrieb oder kopierte er seine großen Werke: die jüngere Edda (die in Prosa), die Heimskringla und Egills Saga. Die Heimskringla gilt als das grundlegende Geschichtswerk über das mittelalterliche Norwegen. Berühmt und erlebenswert ist auch Snorris Pool, ein rundes Bad mit vier Metern Durchmesser. Das Wasser ist wohltemperiert, und da der nahe Hügel Skáneyjarbunga die kalten Nordwinde abwehrt, kann hier selbst im Winter ohne weiteres gebadet werden. In einem Keller gleich hinter dem Bad soll Snorri übrigens im Alter von 62 Jahren von einem neiderfüllten politischen Gegner mit Namen Gissur Þorvaldsson ermordet worden sein.

### Hótel Edda Reykholt

Der modern eingerichtete Hotelbau liegt etwas außerhalb. Ausgezeichnetes Restaurant, Pub und Schlafsackunterkunft. *Nur im Sommer! Reykholtsdalur, Tel. 435 12 60, Kategorie 2*

### Arnarvatnsheiði (108/A 5–6)

★ Eine der großartigsten, wildesten und einsamsten Seen- und Berglandschaften dieser Erde. Nichts für gesellige Leute, aber ideal für solche, die der Welt vorübergehend den Rücken kehren wollen. Jeder Forellenfischer, der sich hierhin verirrt, kann einen eigenen See in Anspruch nehmen. Zu erreichen ist das Gebiet über die Surtshellir-Piste mit dem Geländewagen oder mit dem Pferd. Pferdetouren bis zu einer Dauer von neun Tagen können mit Arinbjörn Jóhannsson in Hvammstangi vereinbart werden *(Tel. 451 29 38)*.

### Hallmundarhraun (108/A 6)

Faszinierende Lava- und Höhlenlandschaft, die durch Lava von den am Fuß des Gletschers Langjökull gelegenen Krater entstand. Die Surtshellir-Höhle, 14 km nordöstlich von Húsafell, ist 1,3 km lang. Nur 200 m entfernt liegt der Eingang zur Stefánshellir-Höhle, die deutlich kleiner ist. Eine dritte bekannte Höhle in dieser Region trägt den Namen Víðgelmir. Es ist streng verboten, Stalaktiten oder Stalagmiten zu berühren oder gar abzubrechen. Informationen über Führungen in den Höhlen Surtshellir und Stefánshellir gibt es unter *Tel. 435 15 50, Húsafell Travel Service*

### Hraunfossar/Barnafoss (113/F 2–3)

Auf einem Kilometer Länge stürzt ein bis dahin unter einem Lavafeld verlaufender Fluß in Kaskaden hinab, daher der Name Hraunfossar (Lavafälle). Flußaufwärts liegt der Barnafoss (Kinderfall). Der Sage nach sollen hier einst zwei Kinder von einer Naturbrücke gefallen sein.

# STYKKISHÓLMUR

(112/C 1) Die größte Ortschaft auf der Halbinsel Snæfellsnes (1250 Ew.). Schöner Hafen, die neue Kirche wurde in einem eigenwilligen Stil erbaut. Recht gute Einkaufsmöglichkeiten und Ausgangspunkt für Reittouren und Wanderungen.

### Helgafell (112/C 1)

In verschiedenen Sagas spielt der Helgafell als »Heiliger Berg« eine Rolle. So mag man ein wenig enttäuscht sein, wenn man feststellt, daß es sich nur um einen Hügel handelt, 73 m hoch. Vielleicht gilt immer noch, was früher behauptet wurde: Wer den Berg das erste Mal besteigt, hat drei Wünsche frei, allerdings muß er dabei folgendes beachten: Man besteige den Berg vom Grabe Guðrín Ósvífursdóttirs aus, ohne sich umzuschauen. Oben angekommen, soll man sich in den Ruinen nach Osten wenden und stumm seine Wünsche formulieren. Die Wünsche werden aber nur erfüllt, wenn sie aus gutem Herzen kommen und man sie für sich behält.

# Bizarre Felsen und liebliche Seen

*Die hier beschriebenen Routen sind in der Übersichtskarte im vorderen Umschlag und im Reiseatlas ab Seite 106 grün markiert*

## ① ENTLANG DES »GOLDEN CIRCLE«

**Der Golden Circle ist die klassische Sightseeingroute von Reykjavík aus. Die Tour führt von der Hauptstadt Islands über die Treibhausstadt Hveragerði zum Thermalgebiet Haukadalur mit dem berühmten Geysir Strokkur und weiter zum wohl schönsten Wasserfall Islands, dem Gullfoss. Am warmen See Laugarvatn vorbei geht es zum Entstehungspunkt der isländischen Demokratie, nach Þingvellir. Auf der 225 km langen Tour, für die Sie 1–2 Tage einplanen sollten, lernen Sie einige der bekanntesten Sehenswürdigkeiten Islands kennen.**

Diese Tour ist ein Muß für jeden Islandbesucher, egal ob er nur einen Stop-over auf dem Flug nach Amerika einlegt oder für mehrere Wochen die Insel bereist. Sie verlassen die Stadt auf der Ringstraße, der Straße Nummer 1, Richtung Süden. Schon nach kurzer Zeit erklimmt die hier gut ausgebaute Straße die Hochebene der *Hellisheiði*. Von hier genießen Sie einen schönen Blick auf die Stadt und die Süd-

küste. Kurz vor dem Ort Hveragerði führt die Straße 1 in Serpentinen hinab ins Küstenvorland der Südküste. Nach 41 km ist die Stadt *Hveragerði* erreicht, wo sich eines der größten Thermalgebiete des Landes befindet. Die geothermische Energie wird hier zur Beheizung von Treibhäusern benutzt, und die Stadt lebt vom Gemüse- und Blumenanbau. Knapp unter dem Polarkreis wachsen hier sogar Bananen. Vor einigen Jahren versuchte man die Stadt zu einem Touristenzentrum auszubauen, aber der Glanz ging schnell verloren.

10,5 km hinter Hveragerði verlassen Sie die 1 und biegen auf die Straße 35 ab. Sie führt am Fuße des Berges *Ingólfsfjall* entlang, wo der erste Siedler Islands, Ingólfur Arnarson, seinen zweiten Winter in Island verbrachte. Lohnend ist ein Stopp am Krater *Kerið*, einem 55 m tiefen Maar, das mit blaugrünem Wasser gefüllt ist. Den Kerið finden Sie, wenn Sie nach 13 km auf einen rechts der Straße liegenden Parkplatz fahren. Nach weiteren 46,5 km ist die wohl bekannteste Attraktion Islands, das Thermalgebiet *Haukadalur (S. 49)* mit seinen zahlreichen heißen Quellen erreicht. Manche der Quellen sind nur daumengroß, andere erreichen mehrere Meter Umfang, allen gemeinsam ist aber, daß sie kochend heiß sind, wie mancher Reisende, die Warnschilder ignorierend, schon am eigenen Leib erfahren mußte. Hauptanziehungspunkt ist der Geysir *Strokkur,* der zur Freude der Besucher etwa alle 5 bis 10 Minuten seine bis zu 25 m hohe Wasserfontäne emporschleudert. Nur wenige Meter von ihm entfernt befindet sich der *Große Geysir,* der allen Springquellen auf der Welt den Namen gab. Er hat sich aber zur Ruhe gesetzt, und so kann man nur noch seine schönen Sinterterrassen bewundern.

Zehn Kilometer weiter im Landesinneren befindet sich der *Gullfoss (S. 50),* der wohl schönste Wasserfall Islands. In zwei Stufen stürzt der Gletscherfluß Hvítá in einen 70 m tiefen Cañon.

Auf der Straße 35 geht es nun wieder ein Stück zurück bis zur Straße 37, auf der Sie zum See *Laugarvatn (S. 48 f.)* gelangen. In dem 2,14 qkm großen See gibt es mehrere warme Quellen, so daß er an einigen Stellen zum Baden geeignet ist. Über eine am Ufer befindliche warme Quelle hat man ein Dampfbad gebaut.

Vom Laugarvatn geht es 16 km auf der Straße 365 weiter bis zum Þingvallavatn und dann auf der Straße 36 bis nach *Þingvellir (S. 50 f.).* Hier wurde im Jahre 930 mit dem Alþing das älteste noch bestehende Parlament der Welt gegründet. Von Þingvellir fahren Sie auf der Straße 36 weiter Richtung Reykjavík und passieren nach kurzer Zeit den rechts der Straße liegenden *Vinaskógur,* zu deutsch Freundeswald, in dem ausländische Staatsgäste traditionell einen Baum pflanzen. Kurz vor der Einmündung der Straße 36 in die 1 passieren Sie noch die Farm Laxness, auf der der isländische Schriftsteller und Nobelpreisträger Halldór Laxness aufwuchs und nach der er seinen Künstlernamen wählte. Bei Mosfellsbær erreichen Sie die 1 und erreichen nach neun Kilometern den Ausgangspunkt dieser Tour.

## ② RUNDFAHRT UM DEN MÝVATN

**Der Mývatn gehört sicherlich zu den schönsten Reisezielen in Island. Diese Tagestour führt mit einigen Abstechern einmal um den See herum. Die etwa 65 km lange Strecke ist sowohl mit dem Auto als auch mit dem Fahrrad befahrbar.**

Der 38 qkm große Mývatn *(S. 72)* entstand durch zwei Vulkanausbrüche vor 3700 bzw. vor 2000 Jahren. Heute ist der seichte, im Durchschnitt nur zwei Meter tiefe See ein Vogelparadies. Bis auf die Eiderente sind hier alle in Island heimischen Entenarten anzutreffen, darunter auch die Kragenente und die Spatelente, die in Europa nur an diesem Ort vorzufinden sind. Das Gebiet des Mývatn ist vulkanisch sehr aktiv, und auch deshalb ist es ein besonders beliebtes Reiseziel. Man kann hier die verschiedensten Formen und Auswirkungen des Vulkanismus dicht beieinander erleben: bizarre Lavaformationen, kochende Schlammquellen und mächtige Vulkankrater.

Startpunkt der Rundreise ist der Ort *Reykjahlíð (S. 71 f.).* Hier halten die Linienbusse, es gibt zwei Hotels, zwei Campingplätze und ein Schwimmbad. Beim Hotel Reynihlíð werden Fahrräder vermietet, so daß Sie auch unmotorisiert den Mývatn bequem auf eigene Faust erkunden können. Von Reykjahlíð aus geht es zuerst ein Stück auf der Straße 87 Richtung Norden. Etwa drei Kilometer hinter dem Abzweig zum Flugplatz biegen Sie nach links auf die Straße 848 ab, die am Westufer des Sees entlangführt. Hier befinden sich die Brutgebiete der Enten, daher ist es in der Zeit vom 15. Mai bis zum 20. Juli nicht gestattet, die Straße zu verlassen. Unterwegs passieren Sie den markanten Berg *Vindbelgjarfjall* (529 m). Für die Besteigung des Hyaloklastitberges braucht man etwa eine halbe Stunde, von oben hat man dann einen wunderschönen Ausblick über den See. Kurz bevor die Straße in die Ringstraße mündet, überqueren Sie den Fluß Laxá, der aus dem Mývatn abfließt. Die Laxá gehört zu den besten Lachsflüssen Islands, allerdings sind im oberen Flußteil nur Forellen zu angeln, da die Lachse von einem flußabwärts gelegenen Wasserkraftwerk an ihrer Wanderung zum See gehindert werden. Jetzt geht es weiter auf der Ringstraße, und nach sechs Kilometern erreichen Sie die Pseudokrater bei *Skútustaðir.* Diese Mondkratern recht ähnlichen Formationen entstanden durch heiße Lava, die über feuchten Untergrund floß. Das Wasser unter der Lava verdampfte explosionsartig und riß die Lava mit hoch. Anschließend geht es weiter auf der 1, bis Sie

den Abzweig nach *Kálfaströnd* erreichen. Von dieser Halbinsel aus hat man einen schönen Ausblick auf bizarre Lavaformationen, die im See stehen. In der Nähe befindet sich der Park *Höfði* neben der Straße. Auch von hier aus hat man einen schönen Blick auf die vorher erwähnten Lavaformationen. Ein Stück weiter zweigt auf der rechten Seite ein Weg nach *Dimmuborgir* ab. Übersetzt heißt dieses Gebiet Dunkle Burgen. Die eigenartigen Lavaformationen bilden hier ein Labyrinth. Man findet Säulen und Höhlen, einige Gebilde sehen aus wie erstarrte Trolle. Es gibt verschiedene, gut ausgeschilderte Rundwanderungen von unterschiedlicher Länge.

Weiter geht es auf der 1 bis zum Abzweig, auf dem Sie zum Explosionskrater *Hverfjall* gelangen. Entstanden ist der größte Tephrakrater der Welt, der einen Durchmesser von 800 m hat, bei einem Ausbruch vor etwa 2500 Jahren. Im Inneren des ca. 100 m hohen Kraters haben viele Touristen mit Steinen ihren Namen ausgelegt. Es geht wieder ein Stück auf der 1 weiter, bevor Sie die Straße beim Bauernhof Vogar verlassen. Auf einer gut ausgebauten Piste erreichen Sie nach 2,3 km die Grotte *Grjótagjá.* Früher wurde diese mit warmen Wasser gefüllte Grotte zum Baden benutzt, infolge der Vulkantätigkeit in den achtziger Jahren ist die Wassertemperatur aber stark angestiegen und liegt immer noch bei über 50 Grad. Sie folgen dieser Piste weiter und erreichen dann nach zwei Kilometern in Höhe der Kieselgurfabrik bei Bjarnarflag wieder die 1. Kieselgur wird aus dem Sediment von Kieselalgen gewonnen, das im Mývatn abgebaut wird. Bei der Fabrik gibt es auch eine blaue Lagune, ähnlich der bei Svartsengi, allerdings wird in dieser Lagune aufgrund der schwankenden Wassertemperatur nicht gebadet. Die 1 führt nun hinauf auf den Bergrücken *Námafjall.* Vom Aussichtspunkt haben Sie einen schönen Blick auf den See. Auf der anderen Seite des Bergrückens gelangen Sie zum Solfatarenfeld *Hverarönd.* Kochende Schlammquellen bieten hier ein sonderbares Schauspiel. Halten Sie sich streng an die Wege und Absperrungen, denn der Erdboden ist hier sehr dünn, und es besteht die Gefahr, daß Sie einbrechen. Knapp unter der Oberfläche herrschen hier Temperaturen bis zu 100 Grad. Nicht abschrecken lassen sollten Sie sich durch den strengen Geruch nach faulen Eiern, der hier aus den Quellen austritt.

Wenige hundert Meter hinter dem Abzweig nach Hverarönd biegt links die Straße 863 ab, die zum *Krafla-Gebiet (S. 11)* führt. Hier wurde 1978 das erste geothermische Kraftwerk in Betrieb genommen, welches Strom direkt aus Erdwärme gewinnt. Infolge des Vulkanausbruchs vom September 1984 ist die Leistung, die das Kraftwerk erbringt, aber geringer als erwartet. Wenn Sie am Kraftwerk vorbeifahren und kurz hinter der Steigung links auf den Parkplatz einbiegen, können Sie zu Fuß in etwa 20 Minuten zum Lavafeld des Ausbruchs von 1984 wandern. An einigen Stellen tritt immer noch heißer Dampf aus der Erde; an diesen Stellen bilden sich oft wunderschöne Schwefelablagerungen.

Außerdem befindet sich hier das Solfatarenfeld *Leirhnjúkur (S. 27)*.

Fahren Sie die Straße noch ein wenig weiter, kommen Sie zum Krater *Víti (S. 73)*. Der Krater mit 300 m Durchmesser entstand beim Ausbruch vom 17. Mai 1724, der als Mývatnfeuer in die Geschichte einging. Zum Ausgangspunkt kehren Sie zurück, indem Sie die Straße 863 bis zur 1 zurücknehmen und auf dieser bis Rekjahlíð fahren.

## ③ WANDERUNG ZUM SVARTIFOSS

**Der Wasserfall Svartifoss ist zwar nicht sehr groß, aber mit seinen hängenden Basaltsäulen gehört er zu den schönsten des Landes. Dauer: ca. 1,5 Std. hin und zurück.**

Die Wanderung gebinnt auf dem Campingplatz des Nationalparks Skaftafell *(S.64 f.)*. Zu Anfang führt der Weg ein längeres Stück bergauf, ist aber gut begehbar. Bald schon weist ein Schild nach links zum Wasserfall *Hundafoss,* dessen Abbruchkante Sie nach wenigen Metern erreichen. Der Weg zum Svartifoss führt nun noch ein Stück weiter bergauf, bis Sie auf eine Kuppe treffen, von der Sie einen schönen Überblick über die Sandwüste des *Skeiðarársandurs (S. 64)* haben. Nun führt der Weg etwas bergab, und bald erblicken Sie den *Svartifoss (S. 65)*. Der Weg endet unterhalb des Wasserfalls, den Wagemutige sogar umrunden können. Dann nehmen Sie entweder schon jetzt denselben Weg zurück, oder Sie überqueren den Fluß auf dem Holzsteg und wandern von hier aus bis zum Aussichtspunkt Sjónarsker, den Sie nach weiteren 20 Min. erreichen.

# Von Auskunft bis Zoll

*Kurzgefaßt die wichtigsten Adressen und Informationen für Ihre Island-Reise*

## AUSKUNFT

**Isländisches Fremdenverkehrsamt**
*Frankfurter Straße 181, 63263 Neu-Isenburg, Tel. 06102/25 44 84, Fax 25 45 70, www.skandinavien.de/Island.html*

**Das Fremdenverkehrsbüro für Dänemark u. Island**
*CH-8050 Zürich, Tel. 01/23 88 23*

**Icelandair**
*Roßmarkt 10, 60311 Frankfurt/Main 1, Tel. 069/29 99 78, Fax 28 38 72, www.icelandair.is*

**Icelandair**
*Opernring 1, A-1010 Wien 1, Tel. 01/56 36 74*

**Icelandair**
*Siewertstr. 9, CH-8050 Zürich, Tel. 01/312 73 73*

**Icelandair**
*CH-4002 Basel, Hardstr. 45, Tel. 061/61 42 66 44*

*Für eine Tour ins Hochland benötigt man ein vierrad-angetriebenes Fahrzeug*

**Fremdenverkehrsämter in Island**
*Tourist Information Center, Banka-stræti 2, 101 Reykjavík, Tel. 562 30 45; B. S. Í. (Busbahnhof), Vatnsmýrarvegur 10, 101 Reykjavík, Tel. 552 23 00; Isländischer Auto-mobilclub (Fíb), Borgatún 33, 101 Reykjavík, Tel. 562 99 99; Iceland Tourist Bureau, Skógarhlíð 18, 101 Reykjavík, Tel. 562 33 00; Touring Club of Iceland, Mörkin 6, 101 Reykjavík, Tel. 568 25 33.*

In allen isländischen Informationszentren wird ausgezeichnet deutsch und englisch gesprochen, meistens auch französisch.

## ALLEINREISENDE FRAUEN

Es gibt keine Gewähr gegen Belästigungen, auch in Island nicht. Aber im großen und ganzen ist dies ein Land, in dem Frauen gefahrlos auch ohne männliche Begleitung reisen können und mit äußerst zuvorkommender Aufmerksamkeit rechnen dürfen. Das gilt auch für Anhalterinnen. Eine kleine Einschränkung muß beim Freitag- und Samstagabend gemacht werden, wenn die Reykjavíker Jugend schier unbeirrbar die örtlichen Diskotheken

*Das Fahren abseits von Pisten und Straßen ist streng verboten – also nicht nachahmen!*

ansteuert und sie nach Stunden sturzbetrunken wieder verläßt. Aber selbst das führt selten zu unangenehmen »Anmach«-Situationen.

## AUTO

Islands Straßennetz ist rund 12 500 km lang, theoretisch. Ein Großteil dieser 12 500 km sind mehr oder minder befestigte Wege. Seit Mitte der siebziger Jahre kann die Insel auf der knapp 1500 km langen Ringstraße (Nationalstraße 1) umfahren werden. Auch sie ist nur zu etwa 85 Prozent asphaltiert, die Schotterpassagen sind jedoch vergleichsweise harmlos. Wer Island auf dieser Straße umrunden will, sollte mindestens eine Woche einplanen. Freilebende Pferde, Schafe, Kühe, oft genug auch Hofhunde tauchen immer wieder an der Straße auf und zwingen zu vorsichtiger Fahrweise. Grundsätzlich gilt für Ortsdurchfahrten eine Geschwindigkeitsbegrenzung von 50 km/h, für Schotterstraßen 80 km/h, sonstige Landstraßen 90 km/h.

Der Hinweis »Bru« unter einem Warnschild heißt Einengung der Fahrbahn an der nächsten Brükke, das Schild »Brekka« warnt vor Gefälle und »Blindhæð« vor Sichtbehinderungen. Vor Schlaglöchern wird kaum einmal gewarnt, da müßten viele Schilder aufgestellt werden.

Das Einschalten von Abblendlicht ist wie in den anderen skandinavischen Ländern auch tagsüber Pflicht, und besonders bei Regenwetter erweist es sich, daß dies seine guten Gründe hat. An fast jeder Tankstelle kann der Wagen, was häufig nötig ist, kostenlos abgewaschen werden, Waschstraßen gibt es allerdings in Island kaum. Bis Anfang Juli muß damit gerechnet werden, daß Hochlandpisten geschlossen sind, weil Flußläufe und Schlamm sie unpassierbar machen. Wenn sie dann für den Verkehr freigegeben werden, sind die meisten nur von Allradfahrzeugen zu bewältigen, und es ist allemal ratsam, daß stets zwei Fahrzeuge gemeinsam fahren. Aktuelle Informationen zum Straßenzustand erteilt *Public Roads Information, Tel. 800 63 16 (gebührenfrei)* bzw. Internet *www.vegag.is.* Das Tankstellennetz Islands läßt nichts zu wünschen übrig, bei Fahrten ins Hochland sollte man sich mit mehr als einem Ersatzkanister ausrüsten. Das bleifreie Normalbenzin hat 95 Oktan, Super bleifrei 98 Oktan (bleifrei heißt »blylaust«). Für Dieselfahrzeuge ist eine wöchentliche Dieselsteuer zu entrichten. Oft sind den Tankstellen kleine Läden zugeordnet, in denen Sie das Nötigste einkaufen können. Häufig dienen sie auch als Touristeninformation.

## BANKEN

Mo bis Fr haben die Banken von 9.15 bis 16 Uhr geöffnet, Do bis 18 Uhr. Eurocheques werden überall problemlos eingelöst, sofern sie in isländischen Kronen – ISK – ausgestellt sind (maximal 13 000 ISK). Kreditkarten sind ein gebräuchliches Zahlungsmittel. Mit der ec-Karte können Sie an vielen Geldautomaten Geld abheben. Außerdem können Sie in Geschäften, die mit dem edc-Symbol gekennzeichnet sind, ihre ec-Karte als Debit-Karte nutzen. An Wochenenden besteht in Reykjavík in der *Tourist-Info, Bankastræti 2,* und bei *McDonald's, Austurstræti 20,* die Möglichkeit zum Geldumtausch.

## BUSSE

Die 16 öffentlichen Buslinien in Reykjavík verkehren zwischen 7 Uhr morgens und 24 Uhr alle 15 bis 30 Minuten. Die Haltestellen sind mit »SVR« gekennzeichnet. Fahrschein bzw. der abgezählte Fahrpreis müssen in ein Behältnis beim Fahrer geworfen werden. Es ist nicht möglich, Geld zu wechseln. Die Einzelfahrt kostet 120 ISK. Billigere Mehrfahrtenkarten kann man beim Busfahrer bekommen oder bei den Hauptstationen Laekjatorg und Hlemmur. Zum Umsteigen benötigt man ein Umsteigeticket (Skiptimiði). Überlandfahrten im Bus haben allesamt ihren Ausgangspunkt am BSI-Busbahnhof, der unmittelbar am Stadtflughafen von Reykjavík liegt. Eine Busfahrt nach Akureyri (täglich) dauert etwa acht Stunden (436 km) und kostet 4100 Kronen. Der Bus nach Höfn kostet 4900 ISK. Von Akureyri aus gibt es im Sommer eine tägliche Busverbindung nach Egilsstaðir: 280 km in sechs Stunden zum Preis von 3100 ISK.

## CAMPING

Ca. 123 Campingplätze gibt es in Island. Zu campen ist entschieden die preisgünstigste Art, in Island Urlaub zu machen. Wildes Campen ist in den Nationalparks und Landschaftsschutzgebieten, also auch im gesamten Hochland, verboten. In den anderen Gebieten wird es meistens toleriert. Eine Broschüre über alle offiziellen Campingplätze, ihre Preise und ihre Ausstattung, ist über die Fremdenverkehrsämter zu beziehen. Die Zelte sollten wind- und wasserdicht sein, das Material sehr schnell trocknen können. Schlafsäcke müssen auch bei Temperaturen unter null Grad hinreichend wärmen, denn Frost ist in Island auch im Sommer möglich. Als Kocher sollten Sie Benzin- oder Petroleumkocher verwenden. Petroleum *(Steinolía)* bekommen Sie an vielen Tankstellen. Spirituskocher sind aufgrund des recht teuren Spiritus (ca. 20 Mark pro Liter) nicht zu empfehlen.

## DEVISEN

Isländische Kronen dürfen nur bis zu einem Betrag von 14 000 ISK ein- bzw. ausgeführt werden. Ausländische Zahlungsmittel kann man hingegen in unbeschränkter Höhe mitbringen. Es gibt Münzen zu 1, 5, 10, 50 und 100 Kronen sowie Banknoten zu 100, 500, 1000, 2000 und 5000 Kronen.

**Deutsche Botschaft**
*Laufásvegur 31, 101 Reykjavík, Tel. 551 95 35 od. 551 95 36*

**Generalkonsulat der Republik Österreich**
*Austurstræti 17, 101 Reykjavík, Tel. 552 40 16*

**Konsulat der Schweiz**
*Laugarvegur 13, 101 Reykjavík, Tel. 562 58 70*

**Deutsche Konsulate**
*Akureyri, Svanur Eiríksson, Hofsbót 4, 3. Stock, Tel./Fax 462 45 10
Isafjördur, Dr. Þorsteinn Jóhannesson, Krankenhaus Isafjödur, Tel. 456 45 00, Fax 456 45 22
Seydisfjördur, Adolf Gudmundsson, Austurvegi 18–20, Tel. 472 14 02, Fax 472 12 41
Vestmannaeyjar, Einar Valur Bjarnason, Túngata 5, Tel. 481 15 30*

## EINREISE

Für die Einreise benötigen Deutsche, Österreicher und Schweizer einen gültigen Personalausweis oder Reisepaß. Kinder ohne eigenen Ausweis müssen im Paß der Eltern eingetragen sein.

## EISKLETTERN

Eisklettern gilt als letzter Schrei unter den Urlaubsaktivitäten in Island. In einwöchigen Kursen werden Anfänger und Fortgeschrittene von Mitgliedern des »Iceland Rescue Team« im Kraxeln auf dem Eyjafjallajökull und Mýrdalsjökull geschult. *Info: Útivist Touring Club, Hallveigsstigur 1, Tel. 551 46 06.* Auskünfte zu Gletscherbesteigungen erteilt: »The Icelandic Alpine Club«, *Postbox 10 54, 121 Reykjavík, Tel. 551 53 41.*

## FERIEN AUF DEM BAUERNHOF

Die Tarife für einen Farm-Aufenthalt sind staatlich festgelegt. Bett mit Frühstück kostet knapp 70 Mark, Vollpension 120 Mark. Einige Bauern bieten Reitstunden, meist auch längere Reittouren auf Islandpferden an. Die Reitstunde kostet etwa 30 Mark, bei den Touren wird der Preis jeweils festgelegt. Auskünfte: *Icelandic Farm Holidays, Bændahöllin v/Hagatorg, 107 Reykjavík, Tel. 562 36 40*

## GEPÄCKAUFBEWAHRUNG

Im BSI-Busbahnhof in Reykjavík gibt es eine große Gepäckaufbewahrung. Geöffnet: Mo bis Fr von 7.30 bis 21.30 Uhr, Sa 7.30 bis 14.30 Uhr, So im Sommer von 17 bis 19 Uhr

## GESUNDHEIT

Im Krankheitsfall stehen in allen größeren Gemeinden praktische Ärzte oder Medizinische Zentren zur Verfügung. 24-Stunden-Bereitschaft im Städtischen Krankenhaus von Reykjavík *(Sjúkrahús Reykjavíkur, Tel. 52 51 00 00)*. EU-Bürger müssen für eine kostenfreie Behandlung das Formular E 111 (erhältlich bei der Krankenkasse) vorweisen. Medikamente müssen oft selbst bezahlt werden. Schweizer sollten eine private Reisekrankenversicherung abschließen. Ansonsten müssen sie die Kosten der Behandlung selbst tragen.

## Islands sprechende Ortsnamen

Islands Ortsbezeichnungen sind ausnahmslos sprechende Namen. Reykjavík bedeutet »Rauchbucht«. Wenn man die Bedeutung der Wortendung kennt, hat man meist auch schon den Schlüssel zum Verständnis von Lage und Charakter des Ortes. Beispiele: *á (Mehrzahl ár)* = Fluß; *borg* = Stadt; *dalur (dalir)* = Tal; *ey (eyjar)* = Insel; *fell* = kleiner Berg; *fjall (fjöll)* = Berg; *fjörður (firðir)* = Fjord; *foss* = Wasserfall; *hraun* = Lava; *hver (hverir)* = heiße Quelle; *höfn* = Hafen; *jökull (jöklar)* = Gletscher; *kirkja* = Kirche; *laug (laugar)* = warme Quelle, Bad; *nes* = Landzunge; *skógur* = Wald; *slétta* = Ebene; *staður (staðir)* = Ort, Platz; *vatn (vötn)* = See; *vik* = Bucht; *völlur (vellir)* = Platz, Ebene.

## GOLF

Alle wichtigen Golfplätze Islands stehen ausländischen Gästen offen. Informationen: »The Golf Union of Iceland«, *Postbox 1076, 121 Reykjavík, Tel. 568 66 68*

## INLANDFLÜGE

Air Iceland, Islandflug und andere Flugunternehmen bieten regelmäßige Flüge in nahezu alle Landesteile an. Einige Strecken- und Preisbeispiele für einfache Flüge:
Reykjavík – Akureyri 5965 ISK;
Reykjavík – Egilsstaðir 6665 ISK;
Reykjavík – Sauðarkrokur 5965 ISK; Reykjavík – Vestmannæyjar 4265 ISK

## KLEIDUNG

Für das isländische Wetter gilt: Die Wetterlagen wechseln so atemberaubend schnell, daß man von einem permanenten verschärften April sprechen könnte, nur daß es tendenziell etwas kälter ist als im mitteleuropäischen April. Ins Reisegepäck gehören demzufolge wind- und regen-dichte Anoraks und Hosen, Handschuhe sowie sturmtaugliche Kopfbedeckungen. Strapazierfähige Wanderschuhe mit gutem Profil sind jeglichem Chic in Sachen Fußbekleidung vorzuziehen. Es wird zwar nie sonderlich warm in Island, aber Wind und Sonnenstrahlung können dennoch so intensiv sein, daß Sonnencreme unbedingt mitzunehmen ist. Ebenso die Badehose. Denn fast jeder größere Ort verfügt über ein Schwimmbad, und es gibt einige warme Quellen, in denen man baden kann.

## MIETWAGEN

Natürlich kann man auch in Island Mietwagen aller Art bekommen, und wer das Land wirklich kennenlernen will, aber keine Lust hat, sich einer Pauschal-Busreise anzuschließen, wird um den Mietwagen kaum herumkommen. Es gibt über 30 Mietwagenfirmen in Island, 27 davon in Reykjavík und den Vororten. Zwei Aspekte sind dabei jedoch zu beachten. Erstens die Preise, zweitens die Altersbeschränkungen für Fahrer. Der

*Thermalgebiete beeindrucken durch ihre Farbenpracht*

Wagenmieter muß mindestens 20 Jahre alt sein, im Falle von Geländefahrzeugen sogar 23 Jahre. Die Mietwagenpreise sind in den letzten Jahren gesunken, allerdings sind sie im Vergleich zum übrigen Europa immer noch nicht niedrig. Einige Autovermieter übergeben die Autos auch am Flughafen Keflavík.

Preisbeispiele (pro Tag in der Hochsaison bei mindestens 1 Woche Mietzeit, inkl. 100 km pro Tag): Ford Fiesta 4900 ISK; Ford Escort Turnier: 5900 ISK; Suzuki Vitara 5 türig: 7900 ISK; Großer Diesel Geländewagen, z. B. Ssang Young Musso Diesel, 8700 ISK: 9-Sitzer Kleinbus mit Allradantrieb: 10 900 ISK; Campingbus ca. 14 500 ISK.

Schäden, die beispielsweise beim Durchqueren eines Flusses entstehen, sind selbst durch eine Vollkaskoversicherung nicht abgedeckt.

Eine kleine Auswahl an Autovermietern:

### Europcar
*Skeifunni 9, Reykjavík, Tel. 568 69 15, Fax 568 86 63*

### Hasso-Island ehf
*Hringbraut 62, Hafnarfjörður, Tel. 555 33 40, Fax 555 33 30*

### Hertz
*Öskjuhlíð, Reykjavík, Tel. 505 06 00, Fax 505 06 50*

## MOUNTAINBIKES

Im gewöhnlichen Stadtverkehr mögen sie eine Modeerscheinung sein, die Mountainbikes mit ihren stark profilierten Reifen und unendlich vielen Gängen. In Island finden sie das Gelände vor, für das sie eigentlich ersonnen und gebaut sind. Wer Island mit dem Rad erfahren will, dem sei jedenfalls zum »Bike« geraten, und ein besonders stabiles sollte es sein. Auf Schotterpisten, auf Sand und Vulkanasche hat es einiges auszuhalten. Das heißt: die empfindlichen Teile (Kette, Gangschaltung) gegen den allgegenwärtigen Sand schützen, genügend Ersatzteile mitnehmen und körperlich gut gerüstet sein! Denn das Fahren ist in Island entschieden anstrengender als auf dem Kontinent. Organisierte Fahrradtouren bieten an: *Icelandic Highland Travel, Bankastræti 2, 101 Reykjavík, Tel. 552 22 25; Samvinn Travel, Austurstræti 12, 101 Reykjavík, Tel. 569 10 70; Útivist Touring Club, Hallveigarstigur 1, 101 Reykjavík, Tel. 551 46 06*

## NATIONALPARKS

Drei Nationalparks gibt es in Island: Jökulsárgljúfur, Skaftafell und Þingvellir. Auskünfte erteilt: *The Nature Conservation Council, Hverfisgata 26, Reykjavík*

## NORDLICHTER

Erste schwache Nordlichter sind schon Ende August zu beobachten, die schönsten gibt es aber im Winter, vor allem im März. Auslöser der Nordlichter sind elektrisch geladene Teilchen aus dem Kosmos, die von den Erdmagnetfeldern zu den Polen hingeleitet werden. Dieser Vorgang äußert sich in leuchtenden Bändern von grüner, roter oder blauer Farbe, die vom Himmel zu schweben scheinen. Nordlichter erscheinen in Höhe von 500 km bis 1000 km Höhe. Ein herrlicher Anblick und ein besonderes Erlebnis für jeden Islandurlauber.

## NOTRUF

Notruf für Polizei und Feuerwehr: *112*

## ÖFFNUNGSZEITEN

Die übliche Geschäftszeit ist wochentags von 9 bis 18 Uhr. Einige Geschäfte haben bis 23 Uhr geöffnet, Sa bis 14 Uhr. Die meisten Tankstellen haben kleine Supermärkte. Hier kann man auch später am Abend und am Wochenende einkaufen.

## POST

Das Hauptpostamt der Stadt Reykjavík liegt unmittelbar an der Einkaufsstraße *Austurstræti-Pósthússtræti. Öffnungszeiten: Mo bis Fr 8.30–16.30 Uhr.* Dort befindet sich eine Verkaufsstelle für Philatelisten (ein Tip, denn isländische Briefmarken sind sehr geschmackvoll gestaltet). Überall auf dem Lande gibt es kleinere Postämter, die aber oft nicht leicht zu finden sind. »Póstur« ist das isländische Wort für Post.

## RAFTING

Wildwasserfahrten sind nur nach Vereinbarung möglich. Arrangements: *Björn og Vilborg, Háagerði 41, 108 Reykjavík, Tel. 568 25 04, Fax 568 35 04*

## RAUCHEN

Island macht Ernst im Kampf gegen das Rauchen: In öffentlichen Gebäuden, in den Bussen, aber auch in vielen Restaurants ist es nicht gestattet. Entsprechend wird auch weniger geraucht.

## RETTUNGSHÜTTEN

In der Abgeschiedenheit von Hornstrandir oder Ódáðahraun kann man schon einmal in die

Verlegenheit kommen, eine Rettungshütte der Isländischen Lebensrettungsgesellschaft in Anspruch nehmen zu müssen. Man wird in diesen Hütten (isländisch *salæhús*) zu essen, zu heizen und sogar etwas Ersatzkleidung finden. Die Hütten sind vereinzelt im Hochland und noch vereinzelter an einigen Küstenabschnitten anzutreffen. In Island wird mit großer Schärfe darüber gewacht, daß kein Unbefugter eine Rettungshütte in Anspruch nimmt. Mißbrauch wird streng bestraft.

## SCHWIMMEN

Schwimmen ist ein beliebter und tatsächlich ganzjähriger Volkssport in Island. Fast alle Städte und Dörfer verfügen über mit heißem, natürlichem Quellwasser beheizte Frei- und Hallenbäder. Die Wassertemperatur: meist 29 Grad. Häufig gibt es auch Saunen, Whirlpools, Solarien und sogenannte heiße Pötte mit Wassertemperaturen zwischen 36 und 44 Grad.

## TAXIS

Es gibt genügend Taxis in Island, auch in kleineren Ortschaften. Wenn an der Windschutzscheibe das Wörtchen »Laus« aufleuchtet, ist das Taxi frei. Trinkgelder werden nicht erwartet.

## TELEFONIEREN

Die Vorwahl für Deutschland lautet von Island aus 0049, für die Schweiz 0041, für Österreich 0043. Die Vorwahl von Island ist 00354. Es gibt in Island zwei Mobiltelefonsysteme. Das skandinavische System NMT-450 ist mit Ausnahme einiger kleiner Lücken im Hochland landesweit ausgebaut. Das GSM-System (D-Netz) befindet sich noch im Ausbau, entlang der Ringstraße sind aber die größeren Orte abgedeckt.

## TRINKGELD

Trinkgelder sind in Island im Preis inbegriffen, nur für besondere Leistungen gibt man Trinkgeld, z.B. dem Reiseleiter oder dem Führer nach einer Wanderung.

## WANDERN

Es gibt nur wenige markierte Wanderrouten in Island, und der größte Teil des Landes besteht aus Gletschern, Wüsten, Seen und schroffem Fels. Dennoch (oder deswegen) ist das ausgedehnte Wandern (Trekking) das wichtigste Freizeitvergnügen der Isländer und in zunehmendem Maße auch der Islandtouristen. Zwei Vereinigungen bieten ganzjährig Wandertouren an: Der *Ferðafélag,* das ist der isländische *Touring Club (Mörkin 6, Reykjavík),* sowie *Utivist, Hallveigarstigur 1,* ebenfalls in Reykjavík. Im Winter beschränken sich die Wanderungen meist auf Tages- und Wochenendtouren.

## ZEIT

In Island gilt Greenwich Mean Time (GMT). Im Sommer müssen die Uhren also um zwei Stunden zurückgestellt werden (da Island keine Sommerzeitregelung hat), im Winter um eine Stunde.

## ZOLL

Verboten ist es, Waffen, Rauschgift und Tiere nach Island einzuführen. Auch die Einfuhr von mehr als drei Kilogramm Lebensmitteln ist verboten. Ebenso Arzneimittel, die erkennbar den Eigenbedarf überschreiten. Die Einfuhr von CB-Funkgeräten ist nur mit einer Genehmigung möglich. Es dürfen eingeführt werden: 1 Liter starker Alkohol (bis 47 Prozent), 1 Liter schwächerer Alkohol (bis 21 Prozent) oder 12 Flaschen Bier, 200 Zigaretten. Die Einfuhr von Fleisch, außer in Konserven, Eiern und Milchprodukten ist verboten (Seuchenschutz). Angel- und Reitausrüstungen müssen fabrikneu oder desinfiziert sein (amtliche Bescheinigung vorlegen). Bei der Anreise mit der Norröna besteht eine Desinfektionsmöglichkeit beim Zoll. Die Ausfuhr von Wildvögeln (tot oder lebend) und ihren Eiern ist streng verboten. Von Island mitbringen dürfen Sie nach EU-Regel Waren bis zu einem Wert von 350 Mark.

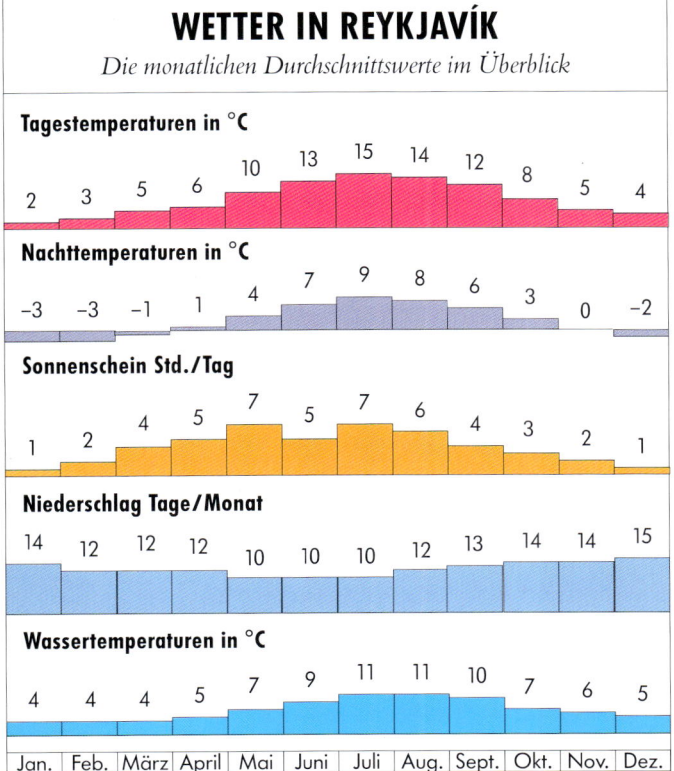

# WETTER IN REYKJAVÍK
*Die monatlichen Durchschnittswerte im Überblick*

**Tagestemperaturen in °C**

| Jan. | Feb. | März | April | Mai | Juni | Juli | Aug. | Sept. | Okt. | Nov. | Dez. |
|------|------|------|-------|-----|------|------|------|-------|------|------|------|
| 2 | 3 | 5 | 6 | 10 | 13 | 15 | 14 | 12 | 8 | 5 | 4 |

**Nachttemperaturen in °C**

| Jan. | Feb. | März | April | Mai | Juni | Juli | Aug. | Sept. | Okt. | Nov. | Dez. |
|------|------|------|-------|-----|------|------|------|-------|------|------|------|
| –3 | –3 | –1 | 1 | 4 | 7 | 9 | 8 | 6 | 3 | 0 | –2 |

**Sonnenschein Std./Tag**

| Jan. | Feb. | März | April | Mai | Juni | Juli | Aug. | Sept. | Okt. | Nov. | Dez. |
|------|------|------|-------|-----|------|------|------|-------|------|------|------|
| 1 | 2 | 4 | 5 | 7 | 5 | 7 | 6 | 4 | 3 | 2 | 1 |

**Niederschlag Tage/Monat**

| Jan. | Feb. | März | April | Mai | Juni | Juli | Aug. | Sept. | Okt. | Nov. | Dez. |
|------|------|------|-------|-----|------|------|------|-------|------|------|------|
| 14 | 12 | 12 | 12 | 10 | 10 | 10 | 12 | 13 | 14 | 14 | 15 |

**Wassertemperaturen in °C**

| Jan. | Feb. | März | April | Mai | Juni | Juli | Aug. | Sept. | Okt. | Nov. | Dez. |
|------|------|------|-------|-----|------|------|------|-------|------|------|------|
| 4 | 4 | 4 | 5 | 7 | 9 | 11 | 11 | 10 | 7 | 6 | 5 |

# Bloß nicht!

*Die voreilige Durchquerung eines Wasserlaufs ist manchem schon zum Verhängnis geworden*

## Furten ohne Prüfung durchqueren

Bloß nicht um jeden Preis hindurch! Selbst wenn's noch so einfach aussieht, kann die Sache böse enden. In fast jedem Wasserlauf gibt es ein paar tückische Rinnen. Grundregel: Wenn das Wasser beim vorherigen Abschreiten über die Knie reicht, wird's auch für den geländegängigsten Pkw kritisch; reicht das Wasser bis zum Schritt, lieber auf die Durchfahrt verzichten!

## Hochlandstraßen außerhalb der Saison

Die klassische Reisezeit für Island – 15. Juni bis 15. Aug. – wird zunehmend zum Frühjahr und Herbst hin ausgedehnt. Für die Hochlandstraßen gilt das nicht: Wer sich vor Anfang Juli eine Pkw- oder Radtour ins Hochland vorgenommen hat, wird enttäuscht. Die meisten Straßen werden erst zwischen dem 1. und 20. Juli freigegeben. Wer sich nicht daran hält, wird bald am Straßenzustand merken, daß dies seine Gründe hat. Das Befahren von nicht freigegebenen Hochlandstraßen ist gefährlich und wird streng geahndet.

## Off-Road-Fahren

Island ist zwar ein Land, in dem ein geländegängiges Fahrzeug durchaus sinnvoll ist, aber Island ist absolut kein Land zum Off-Road-Fahren. Durch das Fahren abseits der Wege wird die Natur auf Jahre geschädigt. Das Fahren abseits von Straßen und Pisten wird darum auch strengstens geahndet. Geldstrafe erfolgt in jedem Fall. Beschlagnahme des Fahrzeugs und Ausweisung können hinzukommen.

## Rasant fahren

Hinter jedem Hügel und hinter jeder Kurve muß der Autofahrer in Island mit freilaufenden Pferden und Schafen rechnen. Auf rasante Fahrweise, die sich meist schon aufgrund der Straßen- und Sichtverhältnisse verbietet, sollte auch deswegen verzichtet werden.

## Unhöflich beschweren

Wenn Sie meinen, sich beschweren zu müssen, dann gehen Sie diplomatisch zu Werk. Kleiden Sie Ihre Beschwerde in die freundlichste Frageform, die Ihnen möglich ist: »Könnte es vielleicht sein, daß…?« Grund: Isländer gehen stets davon aus, alles richtig gemacht zu haben, und wenn nicht, dann möchten sie selbst darauf kommen. Unverblümt geäußerte Kritik bewirkt in Island gar nichts.

# Sprechen und Verstehen ganz einfach

Zur Erleichterung der Aussprache sind alle englischen Wörter mit einer einfachen Aussprache (in eckigen Klammern) versehen. Folgende Zeichen sind Sonderzeichen:

ə      nur angedeutetes »e« wie in bitte

θ      [s] gesprochen mit der Zungenspitze zwischen den Zähnen

## AUF EINEN BLICK

| | |
|---|---|
| Ja./Nein. | Yes. [jäs]/No. [nəu] |
| Vielleicht. | Perhaps. [pə'häps]/Maybe. ['mäibih] |
| Bitte. | Please. [plihs] |
| Danke. | Thank you. ['θänkju] |
| Vielen Dank! | Thank you very much. ['θänkju 'wäri 'matsch] |
| Gern geschehen. | You're welcome. [joh 'wälkəm] |
| Entschuldigung! | I'm sorry! [aim 'sori] |
| Wie bitte? | Pardon? ['pahdn] |
| Ich verstehe Sie/dich nicht. | I don't understand. [ai dəunt andə'ständ] |
| Ich spreche nur wenig … | I only speak a bit of … [ai 'əunli spihk ə'bit əw …] |
| Können Sie mir bitte helfen? | Can you help me, please? ['kən ju 'hälp mi plihs] |
| Ich möchte … | I'd like … [aid'laik] |
| Das gefällt mir (nicht). | I (don't) like it. [ai (dəunt) laik_it] |
| Haben Sie …? | Have you got …? ['həw ju got] |
| Wieviel kostet es? | How much is it? ['hau'matsch is it] |
| Wieviel Uhr ist es? | What time is it? [wot 'taim is it] |

## KENNENLERNEN

| | |
|---|---|
| Guten Morgen! | Good morning! [gud 'mohning] |
| Guten Tag! | Good afternoon! [gud ahftə'nuhn] |
| Guten Abend! | Good evening! [gud 'ihwning] |
| Hallo! Grüß dich! | Hello! [hə'ləu]/Hi! [hai] |
| Mein Name ist … | My name is … [mai näims …] |
| Wie ist Ihr/Dein Name? | What's your name? [wots joh 'näim] |
| Wie geht es Ihnen/dir? | How are you? [hau 'ah ju] |
| Danke. Und Ihnen/dir? | Fine thanks. And you? ['fain θänks, ənd 'ju] |
| Auf Wiedersehen! | Goodbye!/Bye-bye! [gud'bai/bai'bai] |
| Tschüs! | See you!/Bye! [sih ju/bai] |
| Bis bald! | See you soon! [sih ju 'suhn] |
| Bis morgen! | See you tomorrow! [sih ju tə'mərəu] |

**Auskunft**

| | |
|---|---|
| links/rechts | left [läft]/right [rait] |
| geradeaus | straight on [strät 'on] |
| nah/weit | near [niə]/far [fah] |
| Bitte, wo ist …? | Excuse me, where's …, please? |
| | [iks'kjuhs 'mih 'weəs … plihs] |
| Bushaltestelle | bus stop ['bass stop] |
| Flughafen | airport ['eəpoht] |
| Wie weit ist das? | How far is it? ['hau 'fahr_is_it] |
| Ich möchte … mieten. | I'd like to hire … [aid'laik tə 'haiə] |
| … ein Auto | … a car [ə 'kah] |
| … ein Fahrrad | … a bike [ə 'baik] |
| … ein Pferd | … a horse [ə 'hors] |

**Panne**

| | |
|---|---|
| Ich habe eine Panne. | My car's broken down. |
| | [mai 'kahs 'brəukn 'daun] |
| Würden Sie mir bitte einen Abschleppwagen schicken? | Would you send a breakdown truck, please? ['wud ju sänd ə bräikdaun trak plihs] |
| Haben Sie ein Abschleppseil? | Do you have a towing rope [Du ju haw ə tauing roup?] |
| Gibt es hier in der Nähe eine Werkstatt? | Is there a garage nearby? ['is θeə_ə 'gärahdsch 'niərbai] |

**Tankstelle**

| | |
|---|---|
| Wo ist die nächste Tankstelle? | Where's the nearest petrol station? |
| | ['weəs θə 'niərist 'pätrəlstäischn] |
| Ich möchte … Liter … | … litres of … ['lihtəs əw] |
| … Normalbenzin. | … three-star, ['θrihstah] |
| … Super. | … four-star, ['fohstah] |
| … Diesel. | … diesel, ['dihsl] |
| … bleifrei/verbleit. | … unleaded/leaded, please. [an'lädid/'lädid plihs] |

**Unfall**

| | |
|---|---|
| Hilfe! | Help! [hälp] |
| Achtung! | Attention! [ə'tänschn] |
| Vorsicht! | Look out! ['luk 'aut] |
| Rufen Sie bitte … | Please call … ['plihs 'kohl] |
| … einen Krankenwagen. | … an ambulance. [ən 'ämbjuləns] |
| … die Polizei. | … the police. [θə pə'lihs] |
| … die Feuerwehr. | … the fire-brigade. [θə 'faiəbri,gäid] |
| Es war meine Schuld. | It was my fault. [it wəs 'mai 'fohlt] |
| Es war Ihre Schuld. | It was your fault. [it wəs 'joh 'fohlt] |
| Geben Sie mir bitte Ihren Namen und Ihre Anschrift. | Please give me your name and address! [plihs giw mi joh 'näim ənd ə'dräs] |

## ESSEN/UNTERHALTUNG

Wo gibt es hier …
Is there … here? ['is θeər … 'hiə]

… ein gutes Restaurant?
… a good restaurant [ə 'gud 'rästərohng]

… ein typisches Restaurant?
… a restaurant with local specialities [ə 'rästərohng wiθ 'ləukl ˌspäschi'älitis]

Gibt es hier eine gemütliche Kneipe?
Is there a nice pub here? ['is θeər_ə nais 'pab hiə]

Reservieren Sie uns bitte für heute abend einen Tisch für 3 Personen.
Would you reserve us a table for three for this evening, please? ['wud ju ri'söhw əs ə 'täibl fə 'θrih fə θis 'ihwning plihs]

Auf Ihr Wohl!
Cheers! [tschiəs]

Bezahlen, bitte.
Could I have the bill, please? ['kud ai häw θə 'bil plihs]

Haben Sie einen Veranstaltungskalender?
Have you got a diary of events? [həw ju got_ə 'daiəri_əw i'wänts]

## EINKAUFEN

Wo finde ich …?
Where can I find …? ['weə 'kən_ai 'faind …]

Apotheke
chemist's [kämists]

Bäckerei
baker's [bäikəs]

Fotoartikel
photographic materials [ˌfəutə'gräfik mə'tiəriəls]

Kaufhaus
department store [di'pahtmənt stoh]

Lebensmittelgeschäft
food store ['fuhd stoh]

Markt
market ['mahkit]

## ÜBERNACHTUNG

Können Sie mir bitte … empfehlen?
Can you recommend …, please? [kən ju ˌräkə'mänd … plihs]

… ein Hotel
… a hotel [ə həu'täl]

… eine Pension
… a guest-house [ə 'gästhaus]

Ich habe bei Ihnen ein Zimmer reserviert.
I've reserved a room. [aiw ri'söhwd_ə 'ruhm]

Haben Sie noch …
Have you got … [həw ju got]

… ein Einzelzimmer
… a single room [ə 'singl ruhm]

… ein Doppelzimmer
… a double room [ə 'dabl ruhm]

… mit Dusche/Bad?
… with a shower/bath? [wiθ ə 'schauə 'bahθ]

… für eine Nacht?
… for one night? [fə wan 'nait]

… für eine Woche?
… for a week? [fə ə 'wihk]

Was kostet das Zimmer mit …
How much is the room with … ['hau 'matsch is θə ruhm wiθ]

… Frühstück?
… breakfast? ['bräkfəst]

… Halbpension?
… half board? ['hahf'bohd]

… Vollpension?
… full board? ['ful'bohd]

### Arzt

Können Sie mir einen guten Arzt empfehlen?

Can you recommend a good doctor? [kən ju ˌräkə'mänd ə gud 'doktə]

Ich habe hier Schmerzen.

I've got pain here. [aiw got päin 'hiθ]

### Bank

Wo ist hier bitte …

Where's the nearest … [weəs θə 'niərist]

… eine Bank?
… eine Wechselstube?

… bank? [bänk]
… exchange-office? [iks'tschäinsch_ofis]

Ich möchte … DM (Schilling, Schweizer Franken) wechseln.

I'd like to change … Marks (Austrian shillings, Swiss francs). [aid laik tə tschäinsch … 'mahks ('ostriən 'schillings/ 'swis 'fränks)]

### Post

Was kostet …
… ein Brief …
… eine Postkarte …
… nach Deutschland?

How much is … ['hau 'matsch is]
… a letter … [ə 'lätə]
… a postcard … [ə 'pəustkahd]
… to Germany? [tə 'dschöhməni]

## Zahlen

| | | | | |
|---|---|---|---|---|
| 0 | zero, nought [siərəu, noht] | 19 | nineteen [ˌnain'tihn] | |
| 1 | one [wan] | 20 | twenty ['twänti] | |
| 2 | two [tuh] | 21 | twenty-one [ˌtwänti wan] | |
| 3 | three [θrih] | 30 | thirty ['θöhti] | |
| 4 | four [foh] | 40 | forty ['fohti] | |
| 5 | five [faiw] | 50 | fifty ['fifti] | |
| 6 | six [siks] | 60 | sixty ['siksti] | |
| 7 | seven ['säwn] | 70 | seventy ['säwnti] | |
| 8 | eight [äit] | 80 | eighty ['äiti] | |
| 9 | nine [nain] | 90 | ninety ['nainti] | |
| 10 | ten [tän] | 100 | a (one) hundred ['ə (wan) 'handrəd] | |
| 11 | eleven [i'läwn] | | | |
| 12 | twelve [twälw] | 1000 | a (one) thousand ['ə (wan) 'θausənd] | |
| 13 | thirteen [θöh'tihn] | | | |
| 14 | fourteen [ˌfoh'tihn] | 10000 | ten thousand ['tän 'θausənd] | |
| 15 | fifteen [ˌfif'tihn] | | | |
| 16 | sixteen [ˌsiks'tihn] | 1/2 | a half [ə 'hahf] | |
| 17 | seventeen [ˌsäwn'tihn] | 1/4 | a (one) quarter ['ə (wan) 'kwohtə] | |
| 18 | eighteen [ˌäi'tihn] | | | |

# Menu
## Speisekarte

| **BREAKFAST** | **FRÜHSTÜCK** |
|---|---|
| coffee (with cream/milk) ['kofi (wiθ 'krihm/'milk)] | Kaffee (mit Sahne/Milch) |
| decaffeinated coffee [di'käfin,äitid 'kofi] | koffeinfreier Kaffee |
| hot chocolate ['hot 'tschoklit] | heiße Schokolade |
| tea (with milk/lemon) [tih (wiθ 'milk/'lämen)] | Tee (mit Milch/Zitrone) |
| scrambled eggs ['skrämbld 'ägs] | Rührei |
| poached eggs ['pəutscht 'ägs] | verlorene Eier |
| bacon and eggs ['bäikn ən 'ägs] | Eier mit Speck |
| fried eggs ['fraid 'ägs] | Spiegeleier |
| hard-boiled/soft-boiled eggs ['hahdboild/'softboild 'ägs] | harte/weiche Eier |
| (cheese/mushroom) omelette [(tschihs/'maschrum/tə'mahtəu)'omlit] | (Käse-/Champignon-)Omelett |
| bread/rolls/toast [bräd/rəuls/təust] | Brot/Brötchen/Toast |
| butter ['batə] | Butter |
| honey ['hani] | Honig |
| jam/marmelade [dschäm/'mahmələid] | Marmelade/Orangen-marmelade |
| muffin ['məfin] | Küchlein |
| yoghurt ['jogət] | Joghurt |
| fruit ['fruht] | Obst |

| **HORS D'ŒUVRES/SOUPS** | **VORSPEISEN/SUPPEN** |
|---|---|
| ham [häm] | Schinken |
| onion rings ['ənjən rings] | fritierte Zwiebelringe |
| shrimp/prawn cocktail ['schrimp/'prohn 'koktäil] | Garnelen-/Krabbencocktail |
| smoked salmon ['sməukt 'sämən] | Räucherlachs |
| seafood salat [sifuhd säləd] | Meeresfrüchtesalat |
| clear soup/consommé [kliə suhp/kən'somäi] | Fleischbrühe |
| cream of chicken soup [krihm əw 'tschikin suhp] | Hühnercremesuppe |
| oxtail soup ['okstäil suhp] | Ochsenschwanzsuppe |
| cream of tomato soup [krihm_əw tə'mahtəu suhp] | Tomatencremesuppe |
| vegetable soup ['wädschtəbl suhp] | Gemüsesuppe |

## FISH/SEAFOOD — FISCH/MEERESFRÜCHTE

| | |
|---|---|
| cod [kod] | Kabeljau |
| crab [kräb] | Krebs |
| eel [ihl] | Aal |
| haddock ['hädək] | Schellfisch |
| herring ['häring] | Hering |
| lobster ['lobstə] | Hummer |
| mussels ['masls] | Muscheln |
| oysters ['oistəs] | Austern |
| perch [pöhtsch] | Barsch |
| plaice [pläis] | Scholle |
| salmon ['sämən] | Lachs |
| sole [səul] | Seezunge |
| squid [skwid] | Tintenfisch |
| trout [traut] | Forelle |
| tuna ['tjuhnə] | Thunfisch |

## MEAT AND POULTRY — FLEISCH UND GEFLÜGEL

| | |
|---|---|
| barbequed spare ribs ['bahbəkjuhd 'speə ribs] | gegrillte Schweinerippchen |
| beef [bihf] | Rindfleisch |
| chicken ['tschikin] | Hähnchen |
| chop/cutlet [tschop/'katlit] | Kotelett |
| fillet (steak) ['filit (stäik)] | Filet(steak) |
| duck(ling) ['dak(ling)] | (junge) Ente |
| gammon ['gämən] | Schinkensteak |
| gravy ['gräivi] | Fleischsoße |
| ham [häm] | Schinken |
| hamburger ['hämböhgə] | Hamburger |
| kidneys ['kidnis] | Nieren |
| lamb [läm] | Lamm |
| liver (and onions) ['liwə(r ən 'anjəns)] | Leber (mit Zwiebeln) |
| minced beef ['minst 'bihf] | Hackfleisch vom Rind |
| mutton ['matn] | Hammelfleisch |
| pork [pohk] | Schweinefleisch |
| rabbit ['räbit] | Kaninchen |
| rissoles ['risəuls] | Frikadellen |
| rump steak ['ramp stäik] | Rumpsteak |
| sausages ['sosidschis] | Würstchen |
| sirloin steak ['söhloin stäik] | Lendenstück vom Rind |
| T-bone steak ['tihbəun stäik] | Rindersteak mit T-förmigem Knochen |
| turkey ['töhki] | Truthahn |
| veal [wihl] | Kalbfleisch |
| venison ['wänisn] | Reh oder Hirsch |

## VEGETABLES AND SALAD | GEMÜSE UND SALAT

| | |
|---|---|
| baked beans ['bäikt 'bihns] | gebackene weiße Bohnen in Tomatensoße |
| baked potatoes [bäikt pə'täitəus] | gebackene Pellkartoffeln |
| beetroot ['bihtruht] | Rote Bete |
| cabbage ['käbidsch] | Kohl |
| carrots ['kärəts] | Karotten |
| cauliflower ['koliflauə] | Blumenkohl |
| chef's salad ['schefs 'säləd] | Salat mit Schinkenstreifen, Tomaten, Käsestreifen, Oliven |
| chips/French fries [tschips/'fränsch 'frais] | Pommes frites |
| corn-on-the-cob ['kohn_on θə 'kob] | Maiskolben |
| cucumber ['kjuhkamba] | Gurke |
| fritters/ hash browns ['fritəs/'häsch bräuns] | Bratkartoffeln |
| leek ['lihk] | Lauch |
| lentils ['läntils] | Linsen |
| lettuce ['letis] | Kopfsalat |
| mashed potatoes [mäscht pə'täitəus] | Kartoffelbrei |
| mushrooms ['maschrums] | Pilze |
| onions ['anjəns] | Zwiebeln |
| peas ['pihs] | Erbsen |
| peppers ['päpəs] | Paprika |
| pumpkin ['pampkin] | Kürbis |
| spinach ['spinidsch] | Spinat |
| sweetcorn ['swihtkohn] | Mais |
| tomatoes [tə'mahtəus] | Tomaten |
| turnips ['təhnips] | Rüben |

## DESSERT AND CHEESE | NACHSPEISEN UND KÄSE

| | |
|---|---|
| apple pie ['äpl 'pai] | gedeckter Apfelkuchen |
| brownie ['bräuni] | Schokoladenplätzchen |
| Cheddar ['tschädə] | kräftiger Käse |
| Cottage cheese ['kotidsch 'tschihs] | Hüttenkäse |
| cream [krihm] | Sahne |
| custard ['kastəd] | Vanillesoße |
| fruit cake ['fruht käik] | Kuchen mit viel Korinthen, Rosinen usw. |
| fruit salad [fruht 'säləd] | Obstsalat |
| goat's cheese ['gəuts ,tschihs] | Ziegenkäse |
| ice-cream ['ais'krihm] | Eiscreme |
| pancakes ['pänkäiks] | Pfannkuchen |
| pastries ['päistris] | Gebäck |
| rice pudding ['rais 'puding] | Reisbrei |
| stewed fruit ['stjuhd 'fruht] | Kompott |

| FRUIT | OBST |
|---|---|
| apples ['äpls] | Äpfel |
| apricots ['äiprikots] | Aprikosen |
| blackberries ['bläkbris] | Brombeeren |
| cherries ['tschäris] | Kirschen |
| dates [däits] | Datteln |
| figs [figs] | Feigen |
| gooseberries ['gusbəris] | Stachelbeeren |
| grapes [gräips] | Weintrauben |
| lemon ['lämən] | Zitrone |
| melon ['mälən] | Melone |
| oranges ['orindschis] | Orangen |
| peaches ['pihtschis] | Pfirsiche |
| pears [peəs] | Birnen |
| pineapple ['pain,äpl] | Ananas |
| plums [plams] | Pflaumen |
| rhubarb ['ruhbahb] | Rhabarber |
| strawberries ['strohbris] | Erdbeeren |

# Beverages
## Getränkekarte

| ALCOHOLIC DRINKS | ALKOHOLISCHE GETRÄNKE |
|---|---|
| beer [biə] | Bier |
| brandy ['brändi] | Schnaps |
| champagne [schäm'pain] | Champagner |
| cider ['saidə] | Apfelwein |
| cognac ['konjäk] | Kognac |
| red/white wine [räd/wait wain] | Rot-/Weißwein |
| dry/sweet [drai/swiht] | trocken/lieblich |
| sparkling wine ['spahkling wain] | Sekt |
| table wine ['täibl wain] | Tafelwein |

| SOFT DRINKS | ALKOHOLFREIE GETRÄNKE |
|---|---|
| alcohol-free beer ['älkəhol,frih 'biə] | alkoholfreies Bier |
| fruit juice ['fruht dschuhs] | Fruchtsaft |
| lemonade [,lämə'näid] | Limonade |
| milk ['milk] | Milch |
| mineral water ['minrl ,wohtə] | Mineralwasser |
| root beer ['rut ,biə] | süße, dunkle Limonade |
| soda water ['səudə ,wohtə] | Selterswasser |
| tomato juice [tə'mahtəu dschuhs] | Tomatensaft |

# Reiseatlas Island

*Die Seiteneinteilung für den Reiseatlas finden Sie
auf dem hinteren Umschlag dieses Reiseführers*

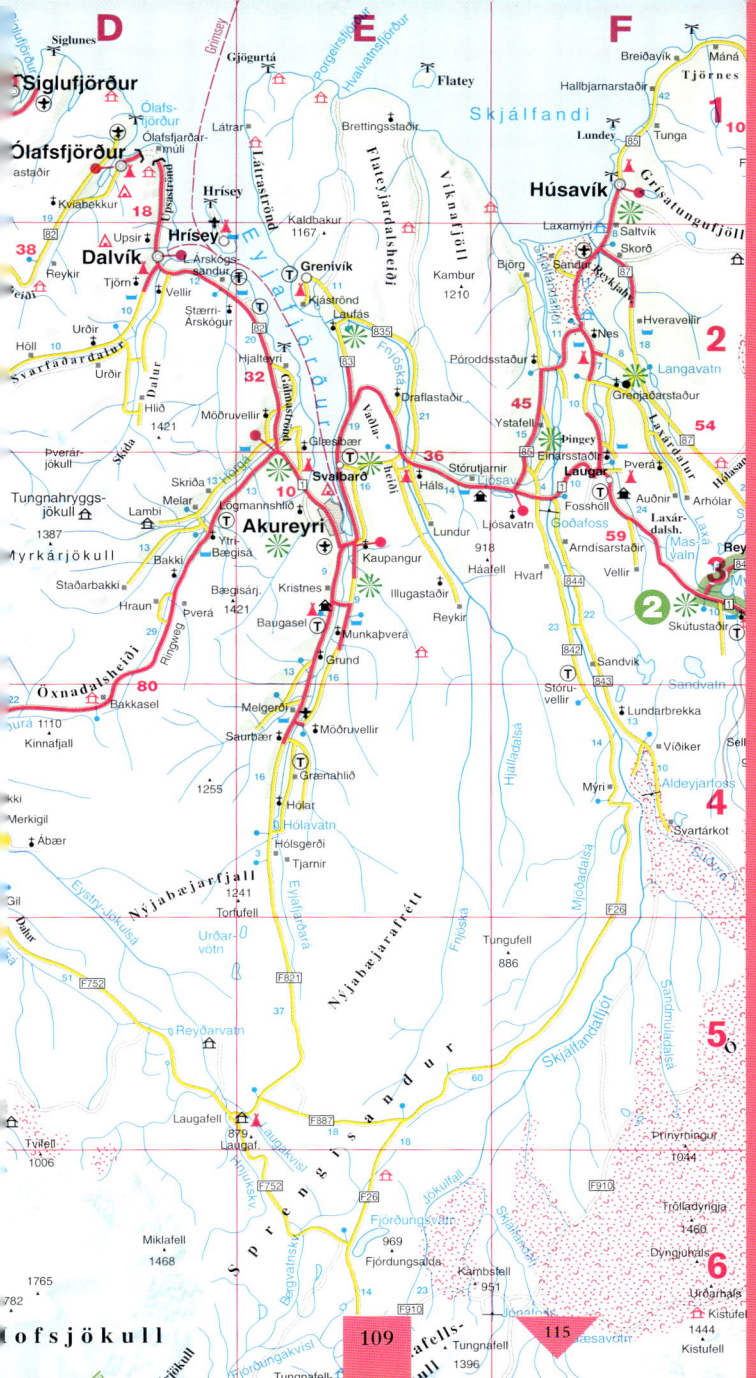

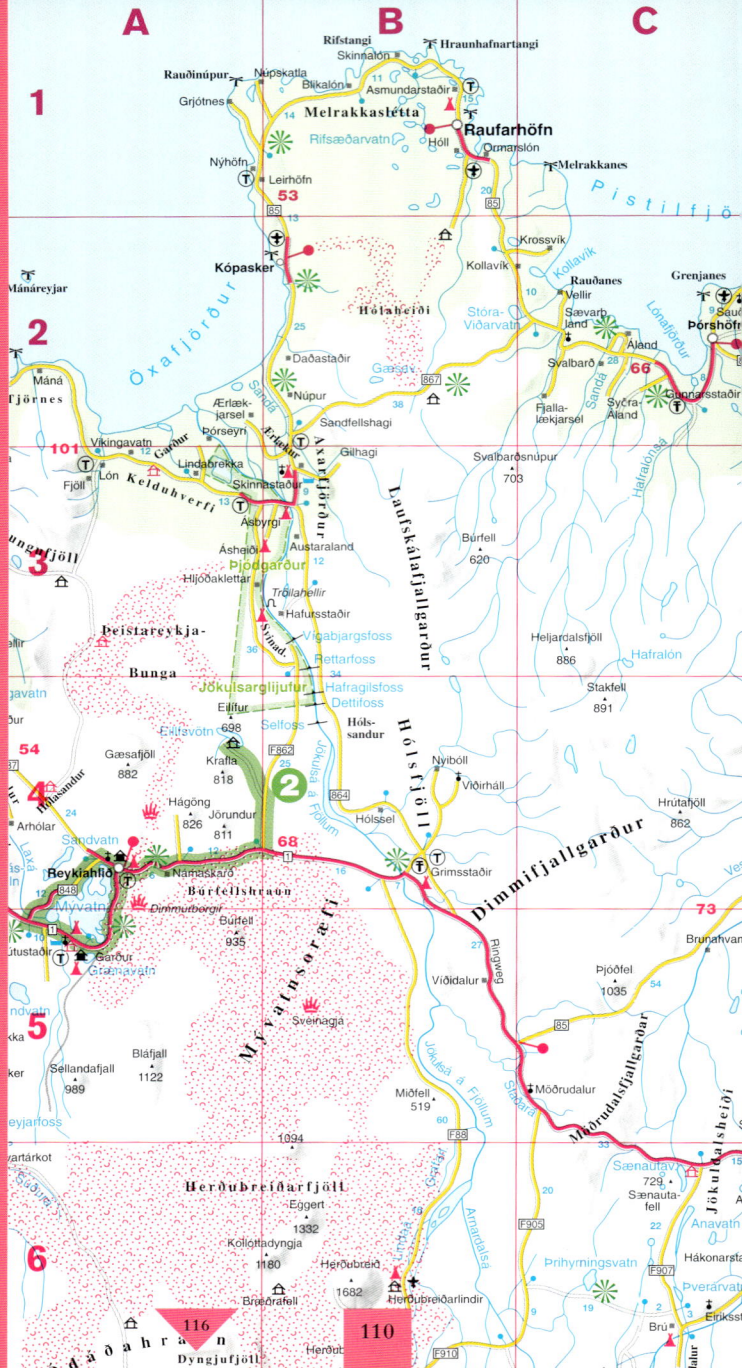

A    B    C

1

Elliðaey    Árney
Höskuldsey
**Stykkishólmur**
Grundarfjörður    Skjöldur    10    Helgafell
**Setberg**    576    Bjarnarhöfn    Narfeyri
Stöð    **Klakkur**    40
Búlanda-    268    Kirgjuf.    57    Berserkja-
höfði    **67**    463    hraun    56    **17**
22    **Grundarfjörður**    24    Ljósufjöll
Hellisandur    Rif    14    Fróðá    **58**    Helgrundur
Gufuskálar    Ingjaldshóll    7    54    778    Hjarðarfell    Rauðaa
Önðverðarnes    Neshraun    Mælifell    566    Lýsuholl    Vegamót    Miðhraun    Fáskrúðabakki
Hetja    Fróðárheiði    Garðar    571    54
1446    Gröf    Knörr    12    Staðastaður    13    Miklholt    **25**
Hólahólar    20    Snæfells-    Búðir    Stakkhamar    Skógarnes
Dritvík    574    jökull    Stapar    Arnarstapi    13
Malarrif    Hellnar    **S n æ f e l l s n e s**
Löndrangar    Haffjörður

2

3

S
Hvalseyjar    Ak

Hjörse

F a x a f l ó i    Þormóðs

4    **A T L A N T I C**

**O C E A N**

5

Garðskagi    **Garður**
**Sandgerði**    **Keflavík**
7
Hvalsnes    8    42
Stafnes    **Njarðvík**    Vog
Hafnir    43
Hafnaberg    12    Blaue    Þórkötlus
Lagune    Fag
Reykjanes
Reykjanestá    **Grindav**
Eldey

6    10 km

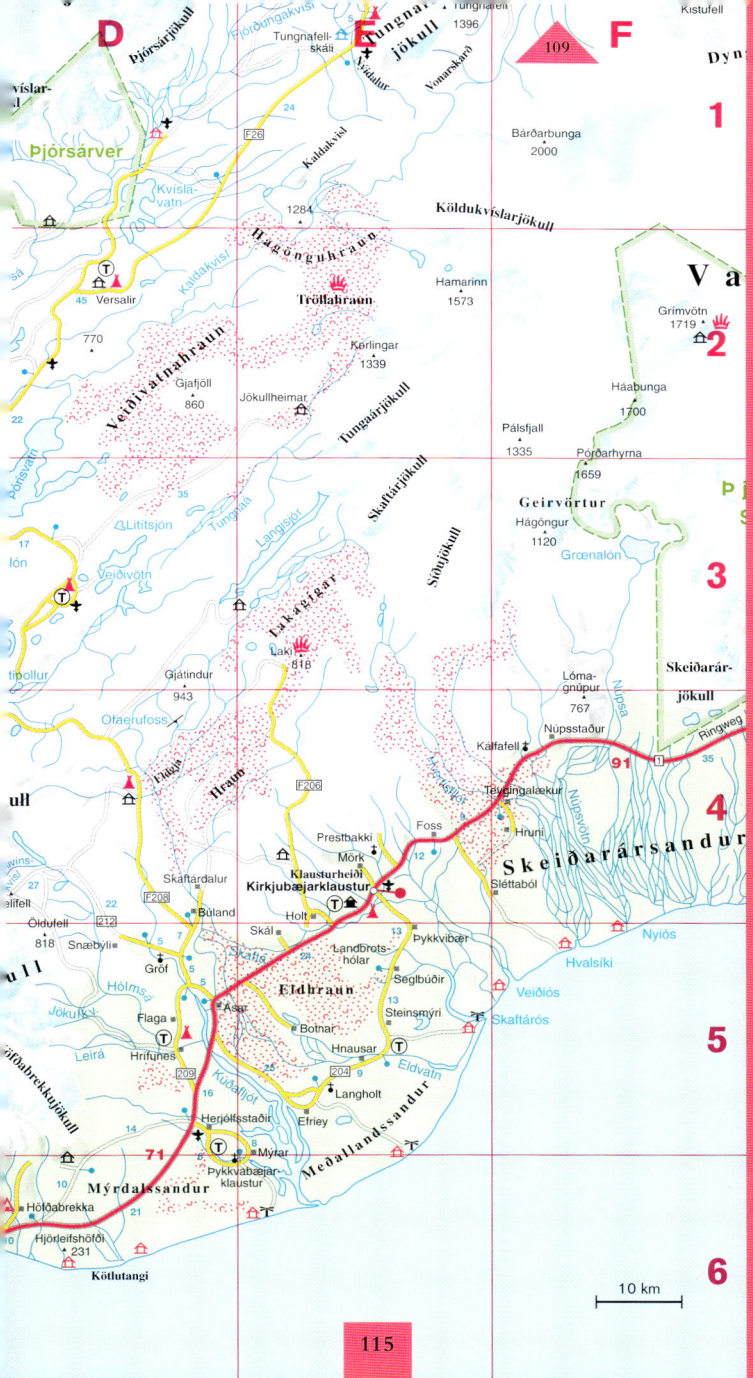

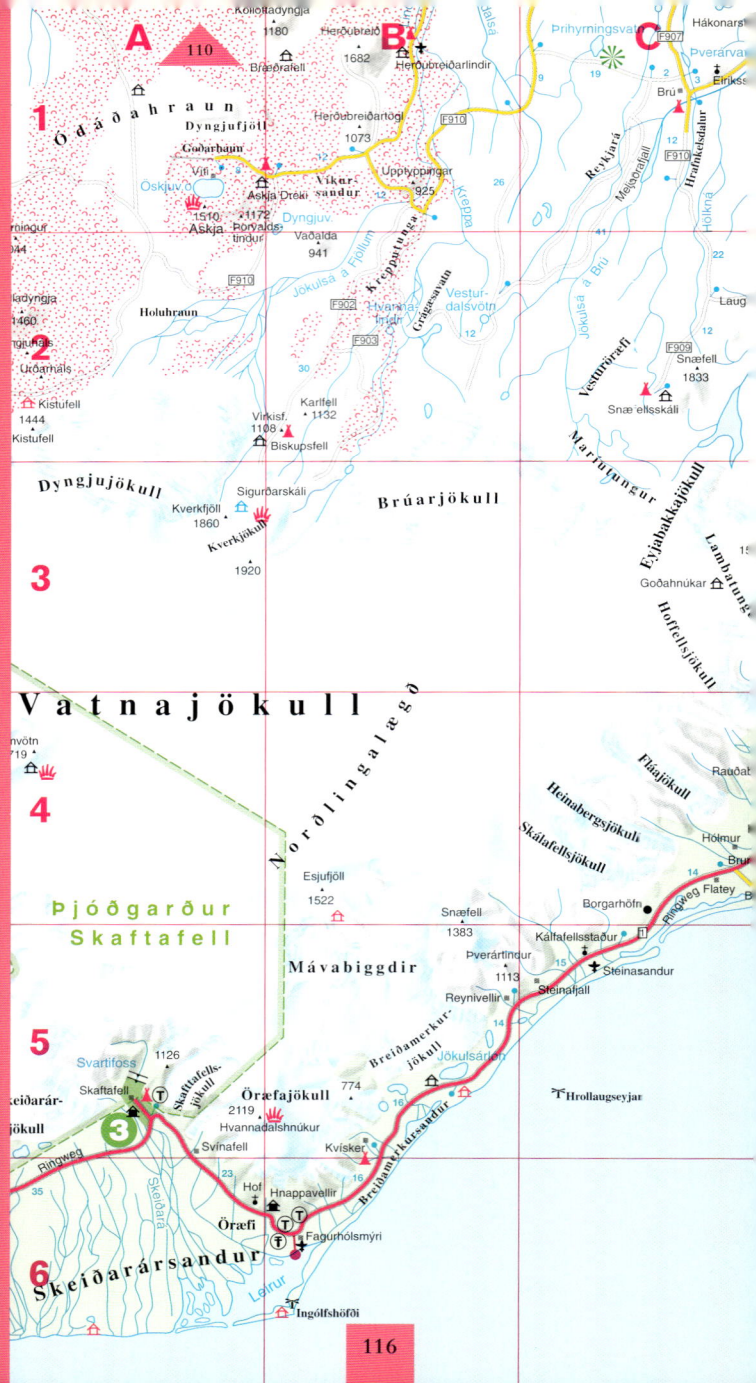

Map labels (reading order):

**A** · 110

**B** · **C** · F907 · Háhonars · Þríhymingsvatn · Pverárva

**1** · Kollottadyngja 1180 · Herðubreið 1682 · Bræðrafell · Herðubreiðarlindir · Herðubreiðartögl 1073 · F910 · 9 · 19 · 2 · 3 · Eiríkss · Brú · Reykjaá · F910 · 12 · Hrafnkelsdalur
Óðáðahraun · Dyngjufjöll · Goðarbaun · Vítí · Askja Öræki · Víkars sandur · Upptyppingar 925 · 26 · 41 · Mejgorafjall
Öskjuv.ö · 1510 · 1172 · Dyngjuv. · Askja Þorvalds tindur · Vaðalda 941 · Jökulsá á Fjöllum · Kreppa

**2** · Holuhraun · 1460 · 30 · Jökulsá á Fjöllum · F902 · Hvanna lindir · F903 · Grágæsavatn · Vestur- dalsvötn · 12 · Jökulsá á Brú · Laug · F909 · Snæfell 1833 · Vesturöræfi · Snæfellsskáli
iniaguv 044 · Úðárháls · Kistufell 1444 · Kistufell · Karlfell · 1132 · Virkisf. 1108 · Biskupsfell

**3** · Dyngjujökull · Sigurðarskáli · Kverkfjöll 1860 · Kverkfjöll · 1920 · Brúarjökull · Maríutungur · Eyjabakkajökull · Lambatung · Goðahnúkar · Hofellsjökull · Þorfellsjökull

**4** · Vatnajökull · nvötn 719 · Norðlingalægð · Esjufjöll 1522 · Flláajökull · Rauðab · Heinabergsjökull · Skálafellsjökull · Hólmur · Brú · Ringweg Flatey · Borgarhöfn

**5** · Þjóðgarður Skaftafell · Mávabiggdir · Snæfell 1383 · Pverártindur 1113 · Reynivellir · Kálfafellsstaður · Steinasandur · Steinafjall · 14 · 15 · Svartifoss · 1126 · Skaftafells jökull · Skaftafell · Öræfajökull 774 · Breiðamerkur jökull · Jökulsárlón · Hrollaugseyjar
Skeiðarár jökull · 2119 · Hvannadalshnúkur · Svínafell · Kvísker · Breiðamerkursandur · 16 · 16 · 14

**6** · Skeiðarársandur · 35 · Ringweg · Skeiðará · 23 · Hof · Hnappavellir · Öræfi · Fagurhólsmýri · Leirur · Ingólfshöfði

116

# LEGENDE REISEATLAS

| | |
|---|---|
| Straße, befestigt<br>Road, surfaced | Schwimmbad<br>Swimming pool |
| Straße, geschottert<br>Road, gravel | Wasserfall<br>Waterfall |
| Piste, unbefestigt<br>Track, unsurfaced | Höhle<br>Cave |
| Fußweg, Pfad<br>Footpath, path | Vulkan<br>Volcano |
| **49**<br>24   25   Entfernungen in Kilometer<br>Distances in kilometers | Schöne Aussicht<br>Panoramic view |
| Straßennummer<br>Road number | Geysir/Geothermalgebiet<br>Geyser/Geothermal area |
| Tankstelle<br>Filling station | Kraftwerk<br>Power station |
| Servicestation<br>Service station | Paß<br>Pass |
| Internationaler Verkehrsflughafen<br>International airport | Lava<br>Lava |
| Flugplatz<br>Airfield | Gletscher<br>Glacier |
| Landebahn<br>Airstrip | Nationalpark/Naturpark<br>National park/nature park<br>**Skaftafell** |
| Hotel<br>Hotel | Fähre<br>Ferry |
| Berghütte<br>Refuge | über 5000 Einwohner<br>over 5000 inhabitants |
| Bewirtschaftete Hütte<br>Serviced cabin | 1000 - 5000 Einwohner<br>1000 - 5000 inhabitants |
| Rettungshütte<br>Resue shelter | 500 - 1000 Einwohner<br>500 - 1000 inhabitants |
| Jugendherberge<br>Youth hostel | 200 - 500 Einwohner<br>200 - 500 inhabitants |
| Kirche<br>Church | unter 200 Einwohner<br>under 200 inhabitants |
| Leuchtturm<br>Lighthouse | Bauernhof<br>Farm |

10 km

# REGISTER

*Haupteinträge sind halbfett gedruckt, Hinweise auf die Abbildungen kursiv.*

# Was bekomme ich für mein Geld?

Für eine Restaurantmahlzeit mit Getränken muß man mindestens 80 Mark pro Person einkalkulieren. Die Übernachtungskosten einschließlich Frühstück liegen, je nach Güte des Hotels, zwischen 80 und 450 Mark pro Person. Für ein Glas Wein zahlt man 10 Mark, für eine 0, 35-Liter-Flasche Bier 10 bis 12 Mark. Diese Beispiele machen deutlich, daß Island ein extrem teures Reiseland ist. Aber die Inflationsrate ist in der letzten Zeit geringer, als sie früher einmal war. Das läßt für die Zukunft hoffen.

Ferien auf dem Bauernhof kosten rund 70 Mark pro Nacht und Person; Schlafsackunterkünfte sind um einiges billiger (ca. 40 Mark pro Nacht). Ein Vier-Personen-Sommerhaus ist kaum für weniger als 1000 Mark pro Woche zu mieten.

Die Campinggebühren liegen zwischen 10 und 20 Mark für Erwachsene, Kinder bis 14 Jahre zahlen nichts.

Die recht hohen Kosten für Busfahrten lassen sich durch den Kauf spezieller, preisgünstigerer Rundtickets dämpfen.

Wer den Tax-free Einkauf genutzt hat, bekommt beim Abflug in Keflavík einen Teil der Mehrwertsteuer zurück. In Seyðisfjörður kann man die Rückerstattung in der Filiale der *Landsbankinn* erhalten.

| DM | ISK | ISK | DM |
|---|---|---|---|
| 1 | 41, 15 | 10 | 0, 24 |
| 2 | 82, 30 | 25 | 0, 61 |
| 3 | 123, 45 | 50 | 1, 22 |
| 4 | 164, 60 | 75 | 1, 82 |
| 5 | 205, 75 | 100 | 2, 43 |
| 10 | 411, 50 | 150 | 3, 65 |
| 20 | 823, 00 | 200 | 4, 86 |
| 30 | 1.234, 50 | 250 | 6, 08 |
| 40 | 1.646, 00 | 500 | 12, 15 |
| 50 | 2.057, 50 | 750 | 18, 23 |
| 60 | 2.469, 00 | 1.000 | 24, 30 |
| 70 | 2.880, 50 | 1.250 | 30, 38 |
| 80 | 3.292, 00 | 1.500 | 36, 45 |
| 90 | 3.703, 50 | 2.000 | 48, 60 |
| 100 | 4.115, 00 | 2.500 | 60, 75 |
| 200 | 8.230, 00 | 5.000 | 121, 50 |
| 300 | 12.345, 00 | 7.500 | 182, 25 |
| 500 | 20.575, 00 | 10.000 | 243, 00 |
| 750 | 30.862, 50 | 15.000 | 364, 50 |
| 1.000 | 41.150, 00 | 20.000 | 486, 00 |

Bei Scheckzahlung/Automatenabhebung am Urlaubsort berechnet die Heimatbank die obenstehenden Kurse. Stand: Juli 1999